星雲說喻 一

星雲大師略傳

星雲大師，中國江蘇江都人，生於一九二七年。幼年家貧，輟學，父母因忙於家務，隨外祖母長居多時，後盧溝橋中日戰起，父應於一九三八年間因戰火罹難，與母尋父，有緣於南京棲霞山禮志開上人披剃，實際祖

庭為江蘇宜興大覺寺。一九四七年焦山佛學院畢業，期間歷經宗下、教下、律下等叢林完整的佛門教育。之後應聘為白塔國民小學校長、《怒濤月刊》主編、南京華藏寺住持等。

一九四九年至臺，擔任「臺灣佛教講習會」教務主任及主編《人生雜誌》。

一九五三年任宜蘭念佛會導師；一九五七年於臺北創辦佛教文化服務處；一九六四年建設高雄壽山寺，創辦壽山佛學院；一九六七年於高雄開創佛光山，樹立「以文化弘揚佛法，以教育培養人才，以慈善福利社會，以共修淨化人心」之宗旨，致力推動「人間佛教」，並融古匯今，手訂規章制度，印行《佛光山清規》，將佛教帶往現代化的新里程碑。

大師出家八十餘年，於全球創建三百餘所寺院，如美國西來寺、澳洲南天寺、非洲南華寺、巴西如來寺等，均為當地第一大寺。此外，並創辦十六所佛教學院、二十五所美術館、圖書館、出版社、書局、五十部「雲水書坊」行動圖書館、五十餘所中華學校，暨智光商工、普門中學、均頭中小學、均一中小學和多所幼兒園等。以及先後創辦美國西來大學、臺灣南華大學、佛光大學、澳洲南天大學及菲律賓光明大學等。二〇〇六年，西來大學正式成為美國大學西區聯盟（WASC）會員，為美國首座由中國人創辦並獲得該項榮譽之大學；二〇一〇年澳洲南天大學通過政府高等教育品質與標準署（TEQSA）認證。二〇一五年，五校整合成為第一個跨國又跨洲的國際性「佛光山系統大學」。

一九七〇年起，相繼成立育幼院、佛光精舍、慈悲基金會，設立仁愛之家、雲水醫院、佛光診所、雲水護智車，協助高雄縣政府開辦老人公寓，並於大陸捐獻佛光中、小學和佛光醫院數十所，並於全球捐贈輪椅、組合屋，從事急難救助，育幼養老，扶弱濟貧。

一九七六年《佛光學報》創刊，翌年成立「佛光大藏經編修委員會」，重新標點分段，編纂《佛光大藏經》近千冊暨編印《佛光大辭典》。一九八八年成立「佛光山文教基金會」，舉辦學術會議、出版學術論文集、期刊等；一九九七年出版《中國佛教經典寶藏精選白話版》一三二冊、《佛光大辭典》

光碟版，設立「佛光衛星電視臺」（後更名為「人間衛視」），並於臺中協辦「全國廣播電臺」。二〇〇〇年《人間福報》創刊，成為第一份由佛教界發行的日報。

二〇〇一年發行二十餘年的《普門雜誌》轉型為《普門學報》論文雙月刊（二〇一六年復刊更名為《人間佛教學報・藝文》）；同時期，收錄海峽兩岸有關佛學的碩、博士論文及世界各地漢文論文，輯成《法藏文庫・中國佛教學術論典》共一一〇冊。二〇一三年，出版《世界佛教美術圖說大辭典》二十巨冊，二〇一四年出版《佛光大辭典》增訂版十大冊、《獻給旅行者365日——中華文化佛教寶典》，以及《金玉滿堂》人間佛教教材。

大師著作等身，撰有《釋迦牟尼佛傳》、《佛教叢書》、《往事百語》、《佛光教科書》、《佛光祈願文》、《六祖壇經講話》、《迷悟之間》、《人間佛教系列》、《當代人心思潮》、《人間佛教論文集》、《人間佛教當代問題座談會》、《人間佛教語錄》、《僧事百講》、《百年佛緣》、《貧僧有話要說》、《人間佛教佛陀本懷》及《星雲大師全集》等，總計三千餘萬言，並譯成英、德、法、日、韓、西、葡等二十餘種語言，流通世界各地。

大師教化弘廣，有來自世界各地跟隨出家之弟子二千餘人，全球信眾達數百萬，傳法法子百餘人，遍及大陸各省以及海內外如日本、韓國、香港、新加坡、澳洲等地，如韓國頂宇法師、南京佛教協會會長隆相法師、保定佛教協會會長真廣法師、錦州佛教協會會長道極法師、中國佛教協會常務理事道堅法師等。一九九二年於美國洛杉磯正式成立國際佛光會，被推為世界總會總會長；至今於五大洲一百七十餘個國家地區成立協會，成為全球華人最大的社團，實踐「佛光普照三千界，法水長流五大洲」的理想。

佛光會先後在世界各大名都，如：洛杉磯、多倫多、雪梨、巴黎、香港、東京等地召開世界會員大會，與會代表五千人以上；二〇〇三年，通過聯合國審查肯定，正式成為「聯合國非政府組織」（NGO）會員。歷年來，大師提出「歡喜與融和、同體與共生、尊重與包容、平等與和平、圓滿與自在、自然與生命、公是與公非、發心與發展、自覺與行佛、化世與益人、菩薩與義工、環保與心保、幸福與安樂、希望與未來、共識與開放」等主題演說，倡導「地球人」思想，成為當代人心思潮所向及普世共同追求的價值。

由於大師在文化、教育及關懷全人類之具體事蹟，一九七八年起先後榮膺世界各大學頒贈榮譽博士學位，有美國東方大學、西來大學、泰國摩訶朱拉隆功大學、智利聖多瑪斯大學、韓國東國大學、泰國瑪古德大學、澳洲格里菲斯大學、臺北輔仁大學、美國惠提爾大學、高雄中山大學、香港大學、韓國金剛大學、澳門大學、嘉義中正大學、韓國威德大學、屏東大學、香港中文大學等。近年來，並獲大陸各大學頒予名譽教授，如南京大學、北京大學、廈門大學、南昌大學、揚州大學、山東大學、武漢大學、人民大學、上海同濟大學、湖南大學、上海師範大學、浙江大學、上海交通大學及東北財經大學等。同時，多次獲得內政部、外交部、教育部頒贈壹等獎章；二〇〇〇年獲總統頒贈「國家公益獎」，二〇〇二年獲得「十大傑出教育事業家獎」，二〇〇五年榮獲「總統文化獎菩提獎」等，肯定大師對國家、社會及佛教的貢獻。

大師在國際間亦獲獎無數，如：一九九五年獲全印度佛教大會頒發「佛寶獎」；二〇〇〇年在第二十一屆世界佛教徒友誼會上，泰國總理乃川先生親自頒發「佛教最佳貢獻獎」；二〇〇六年獲香港鳳凰衛視頒贈「安定身心獎」，以及世界華文作家協會頒予「終身成就獎」暨「永久榮譽會長」、美國共和黨亞裔總部代表布希總統頒贈「傑出成就獎」；二〇〇七年獲西澳Bayswater市政府頒贈「貢獻獎」；二〇一〇年獲得首屆「中華文化人物」終身成就獎；二〇一三年獲頒「中華之光——影響世界華人終身成就獎」以及「二〇一三華人企業領袖終身成就獎」。

大師悲願宏深，締造無數佛教盛事。一九八八年十一月，被譽為北美洲第一大寺的西來寺落成，並傳授「萬佛三壇大戒」，為西方國家首度傳授三壇大戒。同時主辦「世界佛教徒友誼會第十六屆大會」，海峽兩岸代表同時參加，為兩岸佛教首開交流創舉。一九八九年應中國佛教協會之邀，率「弘法探親團」赴大陸，並與國家主席楊尚昆、政協主席李先念於北京人民大會堂會晤，開啓兩岸佛教交流盛事。

一九九八年二月，大師遠赴印度菩提迦耶傳授國際三壇大戒，恢復南傳佛教失傳千餘年的比丘尼戒法，同時舉行多次在家五戒、菩薩戒會。同年四月，率團從印度恭迎佛牙舍利蒞臺供奉。二〇〇四年十一月至澳洲南天寺傳授國際三壇大戒，亦為澳洲佛教史上首度傳授三壇大戒，成為當地佛教盛事。

大師一生積極推動國定佛誕節的設立，一九九九年經立法院通過，將農曆四月八日訂為國定假日，並於二〇〇〇年慶祝佛教東傳中國二千年首度國定佛誕節。二〇〇一年十月親赴紐約「九一一事件」地點灑淨，為罹難者祝禱；同年十二月，受邀至總統府以「我們未來努力的方向」發表演說。二〇〇二年元月與大陸達成佛指舍利蒞臺協議，以「星雲僉頭，聯合迎請，共同供奉，絕對安全」為原則，組成「臺灣佛教界恭迎佛指舍利委員會」，至西安法門寺迎請舍利到臺灣供奉三十七日，計五百萬人瞻禮。

二〇〇三年七月，大師應邀至廈門南普陀寺參加「海峽兩岸暨港澳佛教界為降伏『非典』國泰民安世界和平祈福大法會」；同年十一月，應邀參加「鑑真大師東渡成功一二五〇年紀念大會」；隨後應中國藝術研究院宗教藝術研究中心之邀，率領佛光山梵唄讚頌團至北京、上海演出；二〇〇四年二月，兩岸佛教共同組成「中華佛教音樂展演團」，至臺、港、澳、美、加等地巡迴弘法。

二〇〇六年三月，至享有「千年學府」之譽的湖南長沙嶽麓書院講說，同年四月，以八大發起人之一的身分，應邀出席於杭州舉辦之首屆「世界佛教論壇」並發表主題演說。二〇〇九年，國際佛光會與中國佛教協會、中華文化交流協會、香港佛教聯合會主辦「第二屆世界佛教論壇」，並於無錫開幕，臺北閉幕，寫下兩岸四地宗教交流新頁。二〇一二年九月，應「世界經濟論壇」之邀，出席「第六屆夏季達沃斯論壇」，主講「信仰的價值」，為該論壇創辦以來，首位發表專題演說之佛教領袖。

二〇〇八年起，悉數捐出各地版稅、一筆字所得，由弟子分別於臺灣、大陸、澳洲等地，成立教育文化公益基金，舉辦各種教育、文化等贈獎、公益項目。二〇一〇年起，應邀於北京之中國美術館及中國國家博物館舉行「星雲大師一筆字書法展」，為首位在該館展出書法作品的出家人，後陸續於海南、天津、內蒙古、山西太原、廣東、雲南、廈門、鎮江、上海、大連、山東、浙江、廣西、貴州等美術館或博物館（院）展出。

二〇一一年十二月，大師指導建設的佛陀紀念館開館落成，翌年即獲「國家建築金獎——文化教育類金獅獎」；開館第三年（二〇一四）獲得國際博物館協會（ICOM）認證，成為該會最年輕的正式會員；同年，全球最大旅遊網站TripAdvisor評為「二〇一四年大獎得主」，頒發「優等」證書，以各項藝術展覽、教育推廣、兩岸文化交流、地宮收藏時代文物、永久為社會大眾持續做公益服務等項目受國際肯定。

為推動世界和平交流往來，歷年來，大師曾與各國領袖會面，如：泰皇蒲美蓬、印度總理尼赫魯、菲律賓總統馬嘉柏皋、多明尼克總統塞紐瑞、美國副總統高爾，以及馬來西亞三任首相馬哈地、阿都拉．巴達威和納吉等。此外，大師先後並與各宗教領袖交換意見，如：世界佛教徒友誼會會長泰國公主蓬．碧司邁．迪斯庫爾，天主教教宗若望保祿二世（約翰保羅）、本篤十六世等晤談。

二〇〇四年，大師應聘擔任「中華文化復興運動總會」宗教委員會主任委員，與基督教、天主教、一貫道、道教、回教等領袖，共同出席「和平音樂祈福大會」，促進宗教交流，實際發揮宗教淨化社會人心之功用。也先後與瑞典諾貝爾文學獎審查人馬悅然教授、漢學家羅多弼教授、哈佛大學傅高義教授、諾貝爾文學獎得獎人莫言先生等人進行人文交流座談。二〇一三年，與大陸三任國家領導人習近平、胡錦濤及江澤民見面，寫下佛教歷史新頁。

近年，大師於大陸宜興復興祖庭大覺寺，並捐建中國書院博物館、揚州鑑真圖書館、南京大學佛光樓，成立揚州講壇、星雲文化教育公益基金會等，積極推動文化教育，期能促進兩岸和諧，帶動世界和平。

大師一生弘揚人間佛教，對佛教制度化、現代化、人間化、國際化的發展，可說厥功至偉！

編者的話

臺灣電視臺開播初期，民風保守，佛教相關節目無法於電視臺播放。直至七〇年代，臺灣僅有的三家電視臺，陸續開始邀約大師開闢佛教弘法節目，由《甘露》到《信心門》，由《佛學講座》到《星雲禪話》，由《每日一偈》到《星雲法語》等，大師當時「遊走三臺」，可謂臺灣電視史上的特例，更為佛教的電視弘法，開啟先河。

一九九四年六月，大師應邀在臺視宣講《星雲說喻》。大師綜觀古今，舉出發生在我們生活周遭的見聞故事，以簡短巧妙的譬喻，引導觀眾以智慧跳脫生活的困境，得到解脫自在。每天五分鐘的節目，如智慧的甘霖，化解無數觀眾的熱惱。之後，應觀眾要求而將節目內容付諸文字。

此套《星雲說喻》特從大師千餘篇文章中，擇錄部分內容，以「布施、持戒、忍辱、精進、禪定、般若」六度波羅蜜分類，方便讀者系列性閱讀。

星雲說喻一・布施

002 星雲大師略傳
020 編者的話
028 一碗麵
032 十七頭牛
036 一億村的夢想
040 我看到自己
044 知足心安
048 八折誦經
052 三世因果
058 不收學雜費
062 不留遺憾
066 天堂地獄的筷子
070 佛光淨土
074 木碗的故事
078 以粥代茶

082 夫人的畫像
086 四個錦囊
090 四歲老翁
094 老做小
098 兒子最好
102 拉達克的小孩
106 羅伯特的實驗

110 郤寶成的故事
114 皇后的戒指
118 鴨子一條腿
122 美好的世界
126 師父的腿子
130 五指爭大
134 曾施一笠管山河

138 一毛不拔
142 老奶奶的由來
146 乞女變皇后
150 金婚剩菜
154 狗子告狀
158 發光的手指
162 黃金毒蠍

166 黑鼻觀音
170 意外的因緣
174 遠方菩薩
178 歡迎停車
182 銀貨兩訖
186 廣結善緣
190 讚美就能化緣
194 賣貧買富
198 畸形

202 王右軍的字
206 對徒孫的關懷
210 種一收十
214 蟒蛇護金
218 善言的重要
222 羅漢與包子

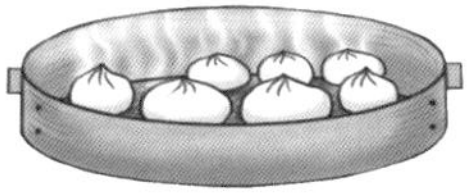

226 替佛像開光
230 難民收容所
234 提款記
238 宇宙寺
242 一個銀元
246 護航
250 上岸要錢

254 不做老闆做小工
258 和愛島
262 王小弟買字
266 來意不誠
270 討債鬼
274 四獸供養
278 財神的故事

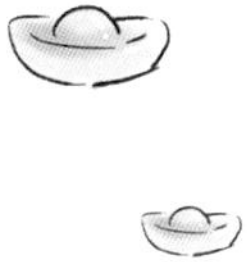

282 佛光茶
286 貧女一燈
290 化冬
294 傳燈老人
298 燈供養
302 小兒施土

306 救媳婦
310 貴賤無差
314 施與受
318 國王行賄
324 建屋與賣屋
328 宰相肚

332 畫師作畫
336 子路救人
340 求富
344 小老鼠
348 錢若水辦案

一碗麵

有一位女學生，因為母親經常對她嘮叨不停，讓她覺得很反感。有一天，當母親又再叨叨絮絮說個沒完的時候，她終於忍耐不住，脫口說：「你別再嘮叨了！」氣呼呼的她，話一說完，便奪門而出，離家出走。

傍晚時分，徘徊路上多時的女學生，肚子已經餓得嘰哩咕嚕叫，正巧經過路邊一處麵攤，便決定就近叫碗麵來吃。但是，站在麵攤前，她掏掏口袋，才發現自己出門時竟連一毛錢都沒有帶。這下怎麼辦呢？

老闆見她面有難色的樣子，便熱情地上前招呼：「小姑娘，你要吃麵嗎？」女學生結結巴巴地說：「我是想吃麵……可是……身上沒有帶錢。」好心的老闆立刻就說：「沒關係，我請你吃吧！」隨即就煮了一碗麵給她止飢。

當女學生接下這碗熱騰騰的麵，吃著吃著突然就流下了淚水。老闆一看，便問：「小姑娘，不好吃嗎？」

女學生趕緊說：「不是的。我是想到母親天天罵我、怪我，而你與我素昧平生，卻對我這麼好，我內心真是百感交集啊！」

老闆聽她這麼一講，搖搖頭說：「唉！我才給你一碗麵吃，就讓你這麼感動，可是你回想一下，你的母親煮了多少頓飯菜給你吃呀！」

女學生一聽，恍然大悟，對於自己的任性無知，感到相當慚愧。吃完了麵，向老闆道謝之後，趕緊跑回家。還沒到家，遠遠地，就看見母親站在門口張望。母親看到女兒回來，焦急地說：「哎呀！你跑到哪裡去？飯菜都涼了，趕快進來吃！」

所謂「天下父母心」，許多父母出於對子女的關愛，總會不時給予叮嚀：你要用功讀書、你要注意身體健康……你不要到處玩樂、你不要熬夜……實在說，世間事難以兩全其美，雖然父母關懷兒女，有時候也應該考量兒女的需要與感受，而身為兒女的人，也不能不體諒父母的一片愛心，甚至應該反觀自省：我有對父母嘘寒問暖嗎？家庭裡的成員要能夠互相關懷，彼此問候，才不枉成為一家人的好因好緣。

十七頭牛

有一戶人家，父親往生時，留下了十七頭牛，遺囑上寫明，那十七頭牛的分配方式是：大兒子得二分之一，二兒子得三分之一，小兒子得九分之一。令三個兒子非常苦惱的是，十七頭牛的二分之一或三分之一或九分之一，都不是整數，怎麼分也不得辦法，甚至發生口角。

族裡一位長者，每天看這三兄弟為遺產吵鬧不休，為了息事寧人，就將自己僅有的一頭牛送給他們。如此一來，十七頭牛加上長者的一頭，就有十八頭牛，它的二分之一是九頭牛，三分之一是六頭牛，九分之一是兩頭牛，加起來一共是十七頭牛不多不少，兄弟三人分好遺產後，便把多餘的那頭牛還給長者。長者不但絲毫沒有損失，反而替三兄弟解決了天大難題，皆大歡喜。

幫助別人是最好的結緣方式，在歡喜、和樂的氣氛當中，為彼此增添好因好

緣，不僅對方受惠，自己也獲利。《四分律》談到布施之利，詮釋：「所為布施者，必獲其義利；若為樂故施，後必得安樂。」

布施，能在給人歡喜的同時，自己也培植大悲心，遠離慳貪，招感無量福德。其中又以無相布施最為殊勝；能夠隨緣、隨力、隨喜、隨心而行布施，所獲得的果報遍法界虛空，世世受用。

分享、布施是一件令人愉快滿足的事，日常生活中，口說好話、身行好事、面上無瞋、勤勞作務、服務大眾，行住坐臥常行布施，揚眉瞬目都是布施，點滴付出皆功不唐捐，滿人所願也圓滿自己，何樂不為也！

一億村的夢想

以前有個名為「一億村」的地方，擁有一億財富的人，才有資格進住。「一億村」是許多人的夢想，他們一生的希望就是賺到一億元，好住進一億村裡享樂。

有一個人努力賺錢，拚命地儲蓄，好不容易存到了九千萬元，卻不幸染上重病。臨終時，他把年輕的兒子叫來：「兒子，你可要繼續努力，一定要賺到一億元，完成我住一億村的遺志啊！」

可是他的兒子秉性善良，看到別人有困難，總會忍不住伸出援手，「樂善好施」的稱譽也就因此四處傳揚。

多年以後，父親存下的千萬資產，隨著兒子從事造橋鋪路等慈善事業，所剩無幾。年邁的母親傷心流淚地對兒子說：「你做善事，我沒有理由反對，但是你父親的遺志，沒有能夠完成，我覺得遺憾。」步入中年的兒子聽到母親的一席話，心裡非常難過，但是仍不後悔把千萬錢財喜捨布施。

只是沒有料到的，一年後，兒子竟然因為意外而死亡，留下了孤苦無依的母親。

這時一億村裡的一對年輕夫妻剛生下了一個兒子，不分晝夜地啼哭，弄得他們心慌意亂，而決定請一位奶媽來照顧。一億村徵聘奶媽的消息一公布，每天來應徵的婦女如過江之鄰，可是三天來，沒有一個婦女得到這份工作，因為每一位奶媽都無法令嬰兒停止哭聲。

這位年輕喪偶、老年喪子的母親，聽到鄰人談論「一億村」應聘奶媽的事，抱著對「一億村」的好奇，也來到了這對年輕夫婦的家。奇怪的是，嬰兒一見到她，馬上不再啼哭，而且還對她微笑。從此她成為「一億村」的奶媽，受到這對年輕夫婦的禮遇。

一天夜裡，她聽到有人喊「媽媽」，環顧四周，卻不見人影，原以為自己聽錯，但一會兒又聽到：「媽媽，您認得我嗎？」她嚇

一大跳，原來是床邊的嬰兒在說話。「媽媽，我是您的兒子，由於喜捨布施的功德，讓我們一家人都得到團圓。那個年輕人就是我過去世的父親，我們都如願地住進一億村了。」

故事中的父親以積聚的方式來獲得財富，但終其一生，仍然無法達到住進一億村的願望，而兒子卻以布施的功德，使得全家人在一億村裡團圓。布施看起來是「給人」，實際上收穫最大的是自己，所謂「捨得、捨得」，有「捨」才有「得」，就像田地播了種，才會有收成，人要想發財，當然也要肯布施了。

我看到自己

有一個富翁，家財萬貫，子孫滿堂，物質生活毫不匱乏。雖然如此，他仍然覺得日子過得一點意義也沒有。於是他就去找一位哲學家傾吐心中的鬱悶，希望哲學家能解決他的愁苦。

哲學家聽了富翁的困擾後，就帶富翁到窗邊，指著路上熙熙攘攘、形形色色的行人，對他說：「你看到些什麼？」富翁回答：「我看見男男女女，還有老人和小孩。」

之後，哲學家又帶著他到一面鏡子前，問他：「現在你能告訴我，你看到些什麼嗎？」富翁說：「我看到我自己！」哲學家最後將鏡子放在窗戶的對面，要富翁看看鏡子再看看窗戶，富翁似乎略有所悟。

「了解了嗎？」哲學家微笑著說：「窗戶和鏡子一樣都是玻璃做成的，不同的是，鏡子的一面鍍上了水銀，你才會只看到你自己，

看不到別人。」

一片透明的玻璃，鍍上了水銀，就好像在自己的四周砌上了高牆，不但看不到人生百態，也禁錮了自己，只看到自己的生命，是很孤寂的。

記得有一回，我在臺上講演《金剛經》，提到「無我相，無人相」，我的母親恰巧也在場聽講。演說結束，母親就對我說，做人怎可「無人相」，心中怎麼能沒有大眾呢？

《雜阿含經》中提到：「有因有緣集世間，有因有緣世間集。」世間一切皆是因緣和合所成，我與人、我與物、我與事……都是相依相待、互為因果，不可能單獨存在。

心中有大眾，生命才能開闊、開朗，別讓自己在物欲洪流中，成為一個孤獨生存、失去靈魂的物質動物。懂得放空自己，擁抱大眾，才能活得更快樂，更具魅力。

知足心安

第一富有的人是誰？在《佛所行讚》卷五說：「富而不知足，是亦為貧苦；雖貧而知足，是則第一富。」是貧？是富？在於我們懂不懂得知足，能不能夠在當下的因緣中，尋出一片自在清淡的人生。

傳說八仙當中的呂洞賓，有一天從天界下凡來，發心要救度有緣的眾生。在半路上，呂洞賓看見有個少年坐在地上流淚，於是趨前問道：「少年朋友，你為什麼哭呢？遇到什麼困難嗎？」

少年嘆了一口氣：「我母親臥病在床，家裡沒有錢請醫生來看病，我本來要出去做工賺錢，可是母親又不能沒有人照顧！」

呂洞賓一聽，心裡很高興，難得世間還有這麼孝順的孩子。為了資助這個少年，呂洞賓使用法術，把路旁的一塊石頭變成黃金，並且交給少年。沒想

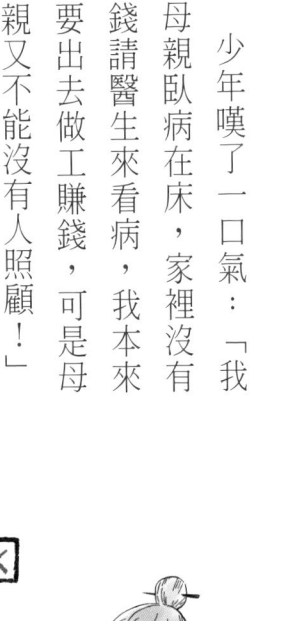

到，少年卻搖搖手，表示不要這塊黃金。

呂洞賓心裡更是歡喜欣慰，這少年竟然還是不貪戀黃金的君子。「你為什麼不要黃金？這足夠讓你們母子幾年不愁衣食呀！」呂洞賓問。

「你給我的黃金，總有用完時候，我要你的金手指，以後只要我需要錢，手指隨意一指，遍地就是黃金。」

呂洞賓聽了以後，對於人性的貪婪，只有感嘆一聲，飄然遠去！

人的欲望就像無底的黑洞，永遠沒有填滿的一天，即使賺了億萬財富，心被貪欲所驅使，生活就享受不到富足的快樂。相反地，縱使過著清貧的生活，只要覺得心安，日日都是花紅柳綠。所以，即便是坐擁華廈的巨富，倘若不知回饋社會，福利大眾，日日身陷在貪欲的火宅裡，又怎能聽到清脆的鳥語，聞到芬芳的花香呢？

八折誦經

有一個年輕人，父親因病過世，為了對父親表示思念與祝福，便到寺院禮請法師至家中誦經。

佛事開始前，他向法師問道：「請問法師，為我父親誦一卷《阿彌陀經》需要多少錢？」法師聽後心裡嘀咕著：誦經超薦還談價錢？好吧！既然你都這樣問了，我就開個價。於是法師說：「一千塊！」

「太貴了吧！可以打個折扣嗎？八折，八百塊可不可以？」

法師一聽，深不以為然，還要求打折扣？但仍回答：「好

吧！打折就打折，八百吧！」兩人談妥以後，法師便開始誦經。

經文諷誦完畢，接著法師又為亡者祈願祝禱，只見他口中念念有詞：「東方的佛祖啊！請您引導亡靈到東方世界去吧！」跪在後方的年輕人一聽，卻是滿臉疑惑，拉拉法師的衣角，說：「欸，師父！人家都希望要到西方極樂世界，您怎麼要我父親到東方世界去呢？」

法師回答說：「到西方極樂世界

要一千塊，你剛才要我打八折，『八折誦經』就只能到東方世界啊！」

年輕人心想，為了省二百塊錢，讓父親只能到東方世界，怎麼說得過去？「算了！我再加二百塊，請您重新祈求，讓我父親到西方極樂世界吧！」

於是，法師重新祈福：「西方的佛祖啊！現在這個年輕人改變心意，又加了二百塊錢，請您把亡靈帶到西方極樂世界去吧！」

這時，棺材裡的老父親忽然一跳而起，指著兒子大罵：「你這個不孝子，為了省二百塊錢，讓我一下子跑到東方，一下子又到西方，來回奔波很辛苦，你知道嗎？」

佛法、信仰不是商品，它是無價的，不能以金錢多寡來衡量。所謂「人有誠心，佛有感應」，功德的大小並不在於念經念得久、念得長，只要真心誠意、一念淨信，就有力量、就有功德。

所以，不管我們信仰的是哪個宗教，面對親友的離世，並不一定要著意於社會風俗的繁文縟節，反而簡單節約、正心誠意就是對他們盡最大的敬意。

三世因果

過去的化緣，不像現在的沿門乞討，必須在一個固定的地方，坐下來念佛誦經，並且掛牌昭告大眾化緣的目的。

有一位老和尚，下山到城市去化緣，以籌募擴建寺院的經費，他坐在街口念佛誦經七天，卻化緣不到半文錢。有一位賣燒餅的小孩，每天經過這個街口，看到老和尚日復一日地曝晒在烈日之下，卻化不到半個銅錢，心生同情，就把口袋裡賣燒餅所得的錢，悉數捐出。臨別時，老和尚說：「小朋友，你這麼有善根，懂得布施植福，以後有什麼困難，歡迎到某山某寺來找我！」

賣燒餅的小孩回到店家後，因為交不出當日所得，而被雇主開除，最後流落街頭乞討度日。由於三餐不繼，加上飲食骯髒，小孩因而生了一場病，眼睛也瞎了。正當窮途末路之際，他忽然想起了老和尚的交代，內心懷抱著一線希望，就獨自一人摸索到寺院裡找老和尚幫忙。

老和尚是個有修為的聖者，早就知道小孩子要來，便昭告全寺住眾說：「明天有大功德主要來，大家都要出來迎接啊！」

隔天，大眾遵照老和尚指示，一大清早就在山門口列隊歡迎。只是一直等到太陽都快下山了，也還不見有什麼大護法來。正當大家感到納悶的時候，老和尚就問了：「我們的大護法來了嗎？」

知客師上前稟報：「老和尚，大施主是沒有，不過剛剛有一個又髒又臭、瞎了眼的小乞丐，拄著一根拐杖闖進來，我怕對尊貴的功德主不禮貌，就要他離開了。」

老和尚一聽，急忙說：「快！快！快把那個小孩追

回來，他就是我們要迎接的大功德主啊！趕快把他帶回來迎為上賓，妥善照顧。」知客師聽後，趕緊要人沿著山徑追回小孩，幸好小孩子腳程不快，總算及時把他帶回寺中。

住在寺院裡的日子，小孩的生活受到很好的照料。可是萬萬沒想到，有一天，他去上廁所的時候，竟不小心跌進茅坑裡淹死了。這個消息慢慢地被傳了開來，但同時閒話也開始了：「你看！不做好事也還罷了，原本賣燒餅餬口不成問題，一做好事，不但失業，眼睛也瞎了，最後還跌進茅坑裡淹死了。」村民奔相走告，說信佛布施得不到善終好報，不僅不再燒香拜拜，更不願意行善助人。

老和尚為了平息風波，就請村民大眾上山吃素菜，藉機說法開示。老和尚說道：「大家不可以撥無因果啊！這個小孩子原本要受三世的罪業，第一世受窮苦報，第二世受瞎眼報，第三世受溺水報。就是由於他布施的功德，而讓三世的罪業一次受完的。他來生將生於富貴人家，年少出家，證得聖果，永離世間的生老病死苦。」

常有人說：「為什麼他作惡多端，卻不受惡報？他行善積德，卻反受惡果？」事實不然，佛教講到「因果」，都說「三世因果」，意思是因果業報有時候不能只看眼前，要看三世。有首偈語說：「善惡到頭終有報，只爭來早與來遲。」欠人的債有朝一日必定要償還，所造的業也必然要受報。所以，我們要想未來獲得好的果報，今生此時就要努力培植善的因緣。

不收學雜費

早期我創辦佛教學院，雖然物資艱辛，還是不願收取分文學雜費，如今在世界各地分布有十六所佛學院，我也只看到學子修學的法樂，不去在意佛光山艱難度日的情況。直至一九九六年嘉義南華大學開學啟教，我仍然力排眾議，堅持四年「不收學雜費」的初衷。

我並不是標新立異，只因為從小到大，都是別人成就我的，因此激勵我要有一顆感恩的心，回饋社會，報答大眾；也因為懷抱一份理想，希望青年學子在讀書求學的時候，和學校

之間不是像買賣交易的關係，期望他們也都能體會到人間的恩惠情義。

誠如當年副總統夫人連方瑀女士在啟教典禮上致辭所說，這是中國歷史上首次有大學不收學雜費。我本人很樂意這麼做。當然，不收學雜費的結果，也使我們的財務吃緊。但是，過去有句話說：「寒門出孝子。」在社會上，確實有很多成功立業的青壯年，往往年少時家境貧寒，靠著自己的努力，終於闖出一片天地。所以，為了讓更多優秀的清寒子弟，不再因為大學學費付不起而望學興嘆，我也心甘情願，在所不惜了。總覺得，在佛法之前，人人平等；在法律之前，人人平等；在大學之前，也應該是人人都有機會就讀。

禪門中有位臨濟禪師，有一天拿起鋤頭往林園走去，弟子問他：「老師，您要做什麼？」他回答：「種樹去！」弟子哈哈大笑，說：「待這棵樹長成，老師您已經朽骨一堆，享用不到大樹的涼蔭了啊！」禪師答：「今日種樹，一為留給後人乘涼，二為山門增添景致。」希望今後的社會，對經濟價值能夠重新估定，什麼事值得做，什麼事不值得做，給予重新思考。不收學雜費，就我個人而言，並沒有損失什麼，反而是心理上的收穫更多了！

不留遺憾

每一個人在世間上生活數十年的寒暑歲月，最終免不了都會有老病死亡的一天。一般人看待死亡，常常是不甘願、不接受、不放心，總感覺到有些志願還沒有達成，有些事業還沒有成就，有些恩惠還沒有報答，很多事情還沒有交代，對世間還有許多的虧欠。可是無常一到，是由不得人等待的，如果無法放下，那只有把歉疚、慚愧、遺憾一起帶到棺材裡面去了。

話說有一隻梅花鹿，頭上長著一對美麗的鹿角，走起路來總是威風凜凜，盛氣凌人，一副不可一世的樣子。當其他動物一同覓食、玩耍時，牠總是獨自站在溪邊，陶醉地看著自己的鹿角。

但是好景不常，這隻梅花鹿漸漸老邁了，沒有朋友可以交談的牠，忽然心生寂寞，不禁感嘆起自己一生不僅沒有好好欣賞林中的景物，也錯失了與人交往的機會。面臨死亡，梅花鹿孤獨地躺在溪邊，心中仍在掛念：「我的鹿角，

還是那樣完美無瑕嗎？」一陣晚風吹過，牠緩緩地閉上眼睛，遺憾自己一生執著於美麗的鹿角，卻錯失了寶貴的一生。

一個人在世間上，如果能把應該做的事情做好，一旦走到了百年，就能坦蕩蕩，無牽無掛，自在灑脫，又何須等到人之將死才來悲嘆呢？

縱觀許多人的一生，只顧著賺錢，到最後錢都還來不及花用，就帶著遺憾離世；也有很多人一生只顧拚命創業，無常一到，事情還未能完成，只有帶著歉疚離開人間。於個人的事業、金錢上有歉疚，倒也還罷了，有的人是對別人感到歉疚，比方說，有人幫助過他、有人施恩惠於他、有人給他贊助，他雖然有心要回饋、回報，但是總想到「以後再慢慢說」、

「以後再來做」……到最後，無常來到，他只有把那許多沒能完成的歉疚，帶到棺材裡面去了。

過去的聖賢在世間「立德、立功、立言」，把很多的功德、道德、事業留在人間，不但對世間沒有虧欠，還充實了世間的富有，給予大眾福樂，讓大家都享受到他們的餘蔭，得以含笑而終。人生能做到這樣，就不會白白到世間走一遭。因此，希望大家都能「今朝事，今朝畢」，人生不要留下遺憾。

天堂地獄的筷子

有一個人經常聽人說，做壞事要墮地獄受苦，做善事能生天堂享福，但是天堂、地獄是什麼樣子，他並不知道。一個偶然的因緣，他遇到一個修道人。修道人對他說：「我可以帶你到天堂和地獄去參觀！」聽聞此話，這個人很高興地就答應了。

首先，他隨著修道人來到地獄。初來乍到，他發現地獄和人間的生活差不多，一樣要穿衣、吃飯、睡覺，只有一點不同，就是地獄裡的人吃飯，所使用的筷子有三尺長，每當有人夾起菜肴要往嘴裡送的時候，從左邊送，就被左邊的人給搶去；從右邊送，就被右邊的人給搶去，自己永遠都吃不到。也因此，彼此都在怨怪：「你偷吃了我的菜！」「他搶去了我的菜！」爭吵不休，不得安寧。

接著，修道人又帶他到天堂裡。天堂和人間的生活也

是一樣，要穿衣、吃飯、工作，甚至吃飯用的筷子和地獄相同，也是三尺長，唯一不同的是，他們夾了菜，不是朝自己的嘴裡送，而是給你吃、給他吃。如此一來，彼此都在互道感謝，相處非常和樂。

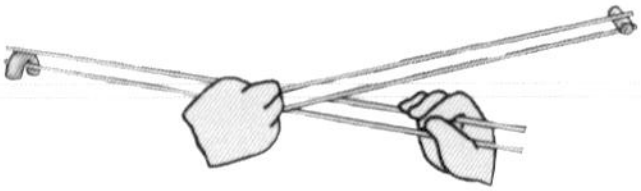

從這一段譬喻就可以知道，什麼是天堂？能把歡喜給人、把福利給人，大家互相讚美、尊重，就是天堂。什麼是地獄？不重視大眾，不顧念他人，不為別人設想，自私自利，就是地獄。

因此，天堂、地獄不在他方，就在我們自己的心中。可以說，每一個人一天當中，在天堂、地獄裡來回好多次，一念善心起，就是天堂，一念惡心起，地獄即現前。自己不妨可以想一想，我究竟是上天堂多呢？還是下地獄多呢？

佛光淨土

嘉義的佛光山圓福寺境內，有一座「義士廟」，是臺灣寺廟建築中罕見的寺中有廟。

義士廟建立的因緣，據說是清康熙年間有五百零三位義士，為了保衛家園而犧牲生命，因而建造這座「義士廟」以為紀念，也稱為「五百三公廟」。

一九八〇年圓福寺重建，為了擴建工程，有人建議我，義士廟應該要遷走，但我認為這是不當之舉。這座具有歷史意義的古蹟，已經在原地上百年，不但嘉義人士已經習慣它的

存在，況且其中蘊含的教育價值，相當值得後人稱頌與學習，怎可因為位於圓福寺境內，就予以遷移呢！

我不但保存了義士廟，甚至要求圓福寺的住持，要心存恭敬，如同對佛菩薩、護法神明一般，每天上香、供花、敬果，因為佛光淨土裡，是不排斥任何一個人、任何一個宗教的。唐太宗李世民曾說：「以銅為鏡，可以正衣冠；以古為鏡，可以知興替；以人為鏡，可以知得失。」

歷史的可貴，在於知古鑑今；義士廟的每位義士也很寶貴，值得我們尊敬。人人有此心，佛光淨土當下就是。

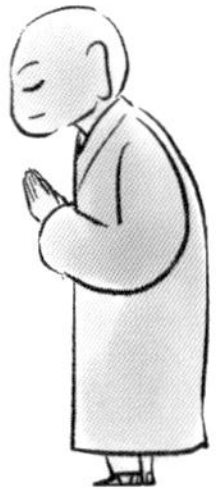

我一生弘揚人間佛教，主張現世極樂淨土的建立，不一定要等到將來才往生西方極樂世界，到寺廟禮拜、念佛、朝山，甚至身行清淨，口說好話，心存善念，當下就是佛光淨土。五百三十位義士雖已往生多年，能讓他們以此因緣長住佛光淨土，後世景仰他們的善信等眾前來祭拜時，也能藉此感受佛教對先烈的善意，而種下學佛種子，何嘗不是淨土世界的表現呢？

木碗的故事

有位老太太臥病在床，兒子每天都得送飯到房間裡給她吃。但是老太太因病手抖，飯碗經常不小心就從手中滑落地面而打破。兒子看了心裡很不高興，每次都向老太太抱怨：「你常常把碗打破，我哪有這麼多錢買碗給你用呢？」為此，兒子就去找來了一個木頭做成的碗，每天都以這個木碗盛飯給母親吃，這麼一來，即使飯碗不小心摔到地上，也不怕打破了。

有一天，老太太的孫子在院子裡玩耍，弄了個木頭在那裡刻刻挖挖的。父親看了感到好奇，就問：「兒子啊！你拿個木頭在那裡刻刻挖挖的，幹什麼呢？」

「我在刻碗，刻一個木頭的碗。」

「你刻木頭的碗做什麼用？」

「等你老了，我拿木碗盛飯給你吃，你就不

會把碗打破了呀！」

父親給兒子這麼一說，慚愧得無地自容，方才驚覺到今日自己怎麼對待老母親，將來兒子就會怎麼對待自己；兒子對自己的行為可是看得一清二楚呀！

我曾經在同一家醫院裡看到這樣的情形，兒童的病房總是有好多父母進進出出照顧孩子，老人的病房卻很少有兒女前去探望，縱使有，也不全都是帶水果、帶奶粉去探望，而是帶錄音機。兒女一來到父母的病榻前，就將錄音機朝床頭一放，說：「爸爸媽媽你說吧！你的遺產將來要交給誰？」現在的社會竟然走到這種地步，實在令人堪憂。

有首詩偈說：「記得當初我養兒，我兒今又養孫兒，我兒餓我由他餓，莫教孫兒餓我兒。」可謂道盡了天下父母心，寧可自己受累，也要兒女溫飽。但願天下兒女都能明白，父母在堂，是莫大的福氣！

以粥代茶

過去行善的人經常會在商人旅客行經之處，設立一座施茶亭，供人解渴；也有的人施燈照明，給夜歸人方便行路。如今社會進步，政府造福民間，則在各個路段裝設路燈、在公共場所設置飲水設備，方便民眾的往來。

一般來說，到親友家裡拜訪，主人都會以一杯熱茶、一杯冰水或者一杯咖啡招待，表示敬意。不過，無論是茶也好，咖啡也好，都只能解渴，不能除飢。所以，有一次，我到佛光山臺北道場關心徒眾的時候，就對他們說，現在時代進步，信徒到寺院裡拜佛，光是以一杯熱茶招待，還不足以溫暖他的心，我建議「以粥代茶」，如社會上文人雅士舉辦的「粥會」，以吃粥來聚會，我們就以「臘八粥」（現在定名為「平安粥」）來跟大眾結緣吧！

在過去的叢林裡，每逢農曆的十二月初八，也就是佛陀成道的這一天，寺院都會

準備臘八粥，分送給信徒食用。記得童年的時候，我們都拿著碗到寺院裡去取臘八粥，因為聽大人說，吃臘八粥能夠消災增福。不過，在我幼小的心靈裡，並不懂得什麼叫做消災增福，只覺得熱騰騰的一碗粥，讓人吃得齒頰留香，心頭暖暖的。

那麼，現在我們以粥代茶，信徒來了，就為他端上一碗粥，粥的水分多，吃了不但可以解渴，也能當飽。有時候，信徒一早就到寺院禮佛，還沒有吃早餐，能吃上一碗粥，也可以止飢；或者有的信徒禮佛之後，馬上就要去辦事，路上要找個地方解飢不容易，吃上一碗粥，也能飽腹。因此，二十多年來，到臺北道場吃臘八粥的人，可以說不計其數。

「以粥代茶」的理念，讓那麼多的人與佛結下一分好因好緣，享受臘八粥帶給他們的暖意，大家也都感到很歡喜。這也算是聊表佛門對信眾的一份感謝之意了。

夫人的畫像

過去有一個大富翁，他的妻子得了不治之症，即將去世。大富翁請來一位名畫師，想替他太太畫一幅遺像，留作紀念。妻子知道富翁的心意後，也同意了，但是卻私下吩咐畫師：「請你幫我畫上一頂鑽石鑲成的寶冠，我的衣服也要畫很多的鑽石。」

畫師覺得奇怪，左思右想：「不對呀！夫人，你戴的寶冠上明明沒有鑽石，為什麼要畫鑽石呢？你的衣服已經很華麗了，為什麼也要無中生有地畫上鑽石呢？」

妻子在病榻上冷笑起來：「畫師啊，你要知道，我死了以後，我丈夫一定會再娶，我辛辛苦苦為他攢聚的家產都歸她享用，太便宜她了，我要讓那女人永遠不得安寧。你替我把寶冠、衣服都畫滿寶石，這樣，那女人一定會常常跟我丈夫吵架，說：那個大老婆有那麼多鑽石，為什麼我沒有？讓他們

早也吵，晚也吵，永遠不得安寧。」

自己不能擁有，又不肯與他人分享，這是一種同歸於盡的心理；一個人如果不歡喜別人幸福快樂，自己也將過得很辛苦。這位得了不治之症的太太，如果真愛她的丈夫，應該遺留幸福和歡喜給他，即使丈夫後來續弦，基於愛屋及烏的心理，也應該為他歡喜，為什麼不肯把愛與他人分享呢？

學習將心胸放開擴大，自己愛的也讓別人能愛，自己歡喜的也讓別人歡喜，你尊敬我，我尊敬你，你愛我，我愛你，不是很好嗎？人的一生不管活幾十年，只要能過得歡喜快樂，又肯將歡喜快樂與人分享，必定如春天百花秋天月，日日搖曳，月月清涼。

四個錦囊

有一個生意人，雖然事業做得很大，日子卻過得不快樂，天天煩惱，在工廠裡煩惱，回家也煩惱，就連睡在床上都煩惱不已。究竟是什麼原因，他也無從知道。

就在不知如何是好的情況下，他來到寺院向法師請教。法師說：「我有四個錦囊要給你，每一個錦囊上面都編了號碼，明天早上起來，你按照順序先打開第一個，並且依著裡面的指示行事。」聽完法師的話，他心裡由衷地感謝，帶著錦囊就回家了。

第二天一早醒來，他依言打開第一個錦囊，上面寫著「到山上或者公園裡散步」。他頗為納悶，心想：為什麼要我到山上、公園散步呢？不過，既然法師這樣指示，那就不妨上山去吧！

到了山上，空氣清新，鳥語花香，眺望遠處的景色，真是美不勝收。突然間，他有感而發：「唉！這些年來只顧著賺錢，成天在工廠裡勤奮工作，竟不知還有這麼美好的一片天地？」當他欣賞著周遭美麗的景致之際，心情也頓時跟著

喜悅起來了。

接著他想起還有其他的錦囊，打開一看，第二個錦囊上面寫著「對太太微笑、說好、讚美」。這是什麼意思呢？雖然百思不解，也只有照做。一回到家，他便笑容可掬地對太太說：「太太，您辛苦了！今天打扮得好漂亮啊！」聽到先生如此讚美，太太當然十分歡喜，立刻準備了一桌佳肴回報。先生的心情也就更加愉悅了。

隔天，他滿懷著歡喜心準備到工廠上班，再打開第三個錦囊。根據上面的指示「讚美部下」，他一到工廠，見人就讚美，整個工廠的氣氛在他的帶動下，變得生氣蓬勃，大家都更加賣力地工作。

下班前，他打開第四個錦囊。依照上面的指示，他來到了海邊的沙灘上，並且在沙灘上寫下「煩惱」兩個字。「煩惱」才剛寫好，黃昏的潮水就湧上來，把字給沖掉了。這下子他才恍然大悟，原來去去來來，來來去去，一物不滯，才是真正的人生。

禪門有一首詩偈說：「平常一樣窗前月，才有梅花便不同。」大家都希望擁有快樂的人生，但快樂從哪裡來呢？快樂是自己創造出來的，只要我們願意敞開心胸，包容他人，接納世界，到處都有歡喜快樂。

四歲老翁

有個年輕人遇到一位老先生，隨口就問：「老公公，您今年高壽？」老先生回答說：「我今年四歲。」年輕人聽了很訝異，眼前這位面皺髮白、傴僂老態的先生，少說也有七、八十歲，怎麼看都不像是四歲呀！

老先生接著就說：「年輕人，你有所不知啊！過去的我只想到自己的利益，從不知道要發善心、做好事，只圖自己享受快樂，從沒有想過要幫助別人。直到四年前，我信仰了佛教，才知道要樂善好施，才曉得要慈悲為懷，才明白要普利大眾，在我的生命當中，過得最有意義的日子就屬這四年了。所以，你問我多少歲數？實在說，我只有四歲，因為當初我白白地浪費了生命，這四年來才真正感受到生命的價值。」

做人，只要對國家社會有貢獻，只要能懂得慈悲為善，就算是只有一天的生命，也都是有價值的，何況

是四歲的老翁呢？顏回不過活了三十多歲，但是縱觀他的一生，安貧樂道，至今人們都還在歌頌他、讚美他；佛教的僧肇大師，在人間也只有短短三十多年，但是身後留下了一部膾炙人口的《肇論》，不僅開啟中國三論宗思想的先河，也對學術界具有莫大的影響。

人生在世，年歲的長短並不是重要的問題。有人說「人生七十古來稀」，也有人說「人生七十才開始」，所以，人生最重要的是活出生命的意義。有的人來到這個世間，一生一世都不曾想要說一些有益人的話、做一些有益人的事，那麼就是擁有百歲的時光，又有什麼用呢？

老做小

有一位信徒到寺院裡拜訪住持大和尚。正當年輕的住持與信徒交談的時候，迎面走來了一位老和尚。年輕的住持看到了，就對老和尚說：「去倒一杯茶來請客人！」老和尚就去倒茶了。茶來了，住持又再吩咐：「再去切一盤水果來招待客人！」老和尚又去切了一盤水果來。這位信徒看了，很不以為然，心想：這位年紀輕輕的住持，怎麼一點都不尊敬老和尚呢？一會兒叫他倒茶，一會兒又叫他切水果，實在太沒有道理了。

和信徒講完話，年輕的住持再對老和尚說：「我現在有事出去，等一會兒你帶這位信徒去用齋飯。」

等住持一走，信徒終於有了機會，就問老和尚：「這個住持是你的什麼人啊？」老和尚說：「他是我的徒弟。」信徒一聽，感到很疑惑，說道：「既然是你的弟子，為什麼對你這麼沒有禮貌，一下子叫你倒茶，一下子叫你切水果？」

老和尚聽了，笑笑地說：「你可不能這麼說啊，我的徒弟向來對我很恭敬、很有禮貌，他對我很好的。」信徒問：「怎麼好法？」老和尚說：「你看他只是叫我去倒茶，並沒有叫我去燒水，燒水就比較辛苦了。」信徒再說：「他叫你去切水果給我吃，又是怎麼回事？」老和尚說：「他只有叫我去切水果，沒有叫我去種水果，種水果就比較辛苦了。」

信徒聽了老和尚的一番話，實在無法理解，就問：「究竟是師父大，還是徒弟大？」老和尚淡然地說道：「出家人哪裡論什麼大和小，他年輕，就做重要一點的事情；我年紀大了，就做一點輕鬆的事，不必比誰大誰小。」

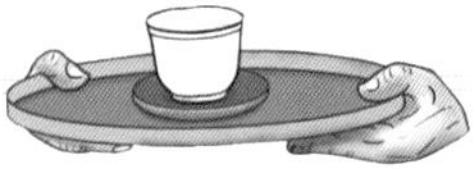

社會上，經常聽聞家庭裡公婆和兒媳之間有所謂「代溝」的問題，假如大家都能有老和尚的胸量，不計較生活上瑣碎的事情，互相尊敬、互相包容、互相關懷，生活將是多麼美好，又怎麼會有婆媳難相處的事情呢？

兒子最好

有一個婦人，年輕時就歡喜打牌，幾乎到了一天不打牌，日子就不能過的痴狂地步。試想，一個家庭主婦不在家裡相夫教子、管理家務，吃過飯後就跑出去打牌，每天晨昏顛倒賴在牌桌上，不但浪費時間、有損身體健康，置家庭於不顧更是不當，尤其十賭九輸的牌運，對一個經濟困難的家庭，接踵而來的惡果，真是不堪設想。

但是嗜賭如命的婦人，就算家境陷入窘境，還是無法抗拒打牌的衝動與欲望，天天跑去打牌，也天天輸錢回家。

這個婦人每次去賭場，總會帶著十歲大的小兒子同行。有一次她又賭輸了，從賭場要回家的途中，突然想起家中的米缸沒有米了，要想買一點米回去煮晚餐，但是掏掏口袋，卻發現自己身上竟然連一塊錢也沒有。

正當她感到為難的時候，小兒子從身上掏出幾塊錢來，遞到她的手上。婦人看了，驚訝

地問：「你怎麼會有錢呢？」

小兒子說：「哦！我把過年的壓歲錢、上學買早餐的錢，還有上回買燒餅的錢都留下來了啊！」

這時候婦人才驚覺到自己已經很久沒有關心孩子，含著淚接下小兒子存下的錢後，便牽著他的手一起去買米。

面對這樣貼心、懂事的小孩，母親的鐵石心腸終於軟化，回到家裡，她抱著兒子說：「兒子，你最好了！」從此，她下定決心戒掉牌癮，革除惡習，重新做人。

感動的世界很美好。我們可以想想：父母給我們的愛，我都不感動嗎？老師對我們的苦心教學，我都不感動嗎？我們接受世間多少的恩惠，一點都不感動嗎？甚至不只對於別人所說的話、所做的事，要有感動，自己每天所說的話、所做的事，也要讓人感動，互相感動來、感動去，就是一個感動的世界了。

拉達克的小孩

一九九四年，我到印度的拉達克弘法結緣。拉達克的地理位置十分靠近喜馬拉雅山，四季溫差相當大，夏季熱得寸草不生，看不到什麼昆蟲；冬天冷到要躲進洞子裡避寒，一年有半年以上是雪季。儘管那裡的物質條件十分貧乏，但是當地居民樂觀善良，生活得安然自在。

我們初來乍到，不是很習慣高山的生活，但是有幾件事情，至今仍讓我難以忘懷。

有一次，我們的車子已經開動，準備前往下一個行程的時

候，遠遠地，有一個小女孩手上拿著一朵花，追著我們的車子奔跑而來，我趕緊叫車子停下來，搖下車窗，接過了她遞上來的一朵金黃色小花。見小女孩合掌微笑，我心裡就想，在這個寸草不生的地方，她一定好不容易才找到這朵花送我，對於這樣一份貴重的情意，我該送給她什麼好呢？

由於事情來得突然，來不及多想，我立刻就將身上的一串念珠送給了她。當車子再度開動的時候，一路上，我總覺得，實在對不起那個小女孩，我應該再多給她一點什麼。

回到旅館，我就請侍者把花放進瓶中，只是，隨行的徒眾都不能理解，為什麼我要把這朵小花視如珍寶？

另外，在那一趟行程中，我們也安排參訪一座寺院。參訪當天，豔陽高照，沿途幾百個從四歲到七歲的小孩，赤著腳在那裡排隊迎接。我們原以為車子經過了，他們就會解散，沒想到，等我們參觀了近兩個小時後再回來，那許多小孩都還站在原地。看著一張張虔敬的面孔，一雙雙合掌的小手，心裡真的很感動。

印度拉達克，不能說是一個貧窮的地區，因為有了佛法的薰陶，人民知足樂觀；可見外在的貧窮，並不影響他們內心世界的富有啊！

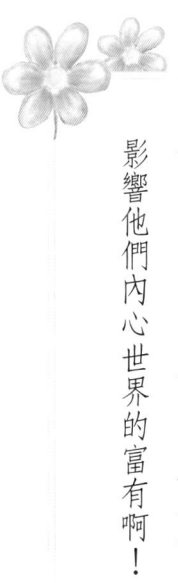

羅伯特的實驗

曾經看過一篇文章，內容描述羅伯特博士主持的一項實驗，實驗的對象是三組學生與三組老鼠。實驗開始，他分別對三組學生說了不同的話。

「現在開始，你們將與一群天才老鼠在一起六個星期。這群優秀的老鼠能夠自己找到迷宮的出口，因此你們得多放一些乾酪，好讓牠們享用。」羅伯特認真的對第一組同學說明。

「你們將與一群平庸的老鼠相處六個星期，這些老鼠可能要費一些功夫才能走出迷宮。所以，不用放太多乾酪，對牠們也不用期望太高。」羅伯特仔細交待第二組同學。

「很不幸的，跟你們在一起的這群老鼠，資質極差，恐怕也無法順利抵達迷宮的終點，我想你們也不用放乾酪了。」羅伯特蹙額愁眉的對第三組同學說。

六個星期後，第一組老

鼠果然在短時間內，順利抵達終點，第二組老鼠雖然也抵達了終點，但花費較長的時間，至於第三組老鼠仍在迷宮裡打轉。

這樣的結果，究竟是因為三組老鼠真有資質的優劣好壞嗎？還是羅伯特料事如神呢？

其實，老鼠都是一般，差別在於同學們對老鼠的態度，而同學們的態度則受羅伯特言辭的影響。教育孩子、領導屬下、與人溝通，乃至種植花草都是如此，鼓勵、讚美、柔軟的愛語與對待，將影響對方是成功或失敗、樂觀或悲觀、茁壯或枯萎。因此，常說舒言悅語，學習菩薩口宣仁德的行儀，讓他人生起信心與動力，也是功德一件啊！

郘寶成的故事

佛光山開山之初，有個榮民出身的聽障人士，總是熱心地參與挑沙肩土的工作。後來，因為他老是要別人特地知會他工作的內容，怕給人添痲煩，就向我表示想轉到朝山會館廚房，承擔煮飯工作。

每天山上人來客往，在會館用飯的人至少都有上千人，每逢春節更有上萬人，但是他從來不誤時，沒有發生過讓客人等飯吃的紕漏。只要事先告訴他用飯的人數，他的心裡就好像有個度量器，知道要煮多少鍋的飯，才能讓客人吃飽。

歷經數十寒暑，他總是在別人還沉睡於甜蜜夢鄉，曙光初露時，就起身作務，淘米煮飯。從壯年到老年，他從來沒有請過一天假，更不曾主動要求休假，幾乎是長年無休地在和大眾結緣。廚房的義工來來去去，只有他如如不動。

有個年輕的義工好奇問他：「郃伯伯，你煮了幾十年的飯，怎麼都不退心呢？」他表示：「這裡是我的家，我為什麼要退心呢？」

「每天要煮那麼多的飯，你不覺得辛苦嗎？」郃寶成告訴他：「來山上拜佛的人，都和我是同一個信仰，就像我的兄弟姐妹一樣，他們回到家裡，我能為他們盡一點心，是很歡喜的事啊！」

雖然郃居士生活在沒有聲音的世界裡，但是一鍋鍋經由他雙手煮出來的米飯，卻記載著他對人間懷抱的至情。他將幾十年的青春歲月奉獻給大眾，因此佛光山常住特地表揚他，將他奉為功德主，並安排他在晚年住進佛光精舍，頤養天年。

人並不一定因為地位高才會受人尊重，孫中山先生說：「人要做大事，不一定要做大官。」

像郈寶成居士，飯一煮就是二、三十年，帶給無數人溫飽，為大家解除飢餓，何嘗不是做了大事、大功德、大修行呢？

修行，並不一定都要閉起眼睛來念佛、盤起腿來打坐，只要對人能有一點服務的心、奉獻的心，甚至服務、奉獻的時候，還能對人有恭敬心，那麼這個人所做的事情，就是菩薩的事業，所修的道就是菩薩道。普願天下的人都能像郈寶成居士一樣，發長遠心！

皇后的戒指

從前印度有個波斯匿王，有一天在吃飯的時候，他對皇后說：「你現在身為一國之母，受到千萬民眾的愛戴與尊重，完全因為我是國王。假如沒有我，你頭上戴的珠冠、身上披的瓔珞衣裳，以及所擁有的一切都會失去呀！」

皇后一聽，不以為然地說：「王啊！你我今生成為夫妻，都是因緣結合的，既是眾緣所成，就是你依於我、我依於你，因緣是相互依存的。因此，我的榮耀、我的福報來自於你，也來自於我，不完全是你賜給我的啊！」

國王一聽，非常生氣，認為皇后藐視他的威權，立刻要人取下皇后手上配戴的珠寶戒指，並且派人把它丟棄到汪洋大海裡。這時，國王趾高氣揚地對皇后說：「你說你的福報是你自己的，現在你手上擁有的戒指呢？」皇后默然不語。

有一天，御廚在烹煮一條大魚的時候，魚肚子一剖開，竟然出現了一枚戒指。這究竟是

怎麼回事呢？原來戒指才被丟進海裡，就遇上一條飢餓的大魚，一口便將它吃下肚去了。後來這條大魚被漁人捕獲，也輾轉呈獻到了皇宮裡。

大家一看到這枚戒指，即刻認出那是皇后所有，立刻就將它交還給皇后。皇后戴著失而復得的戒指，不禁歡喜地對波斯匿王說：「你看！該是我的，它終究會是我的。」

正如《因果經》所云：「富貴貧窮各有由。」波斯匿王在經過這樣的事情之後，終於深信：一個人的窮通禍福，不是別人所能左右的。各人有各人的福報，過去播種有幾分，現在收穫就有幾分啊！

鴨子一條腿

王先生是一家公司的董事長，生意做得非常成功，但是個性嚴肅，太太每天用心做飯菜，從來都不曾獲得先生的一句讚美。

有一天，王先生回家吃中飯，太太特地為他做了一道清蒸板鴨。可是正當王先生舉起筷子要享用美味的時候，卻發現鴨子有異狀。於是他問：「太太！鴨子一般都是兩條腿，為什麼我們家的鴨子只有一條腿呢？」

太太回答：「沒錯啊！我們家裡的鴨子都只有一條腿啊！」

先生不相信，說：「亂講！鴨子都是兩條腿，怎麼會是一條腿呢？」

太太說：「如果你不相信，就到我們家後院的池塘去看看吧！」

日正當中，兩人來到了後院。果不其然，三五成群的鴨子都在休息，全都蜷起了一條腿。這時，太太就說了：「你看！我們家的鴨子不都是一條腿嗎？」

先生倒也很高明，立刻對著鴨群拍起手來，「啪！啪！啪！」掌聲一起，鴨子受到了驚嚇，紛紛跑了起來。先生甚為得意，就說：「太太，你看吧！我們家的鴨子不也是兩條腿嗎？」

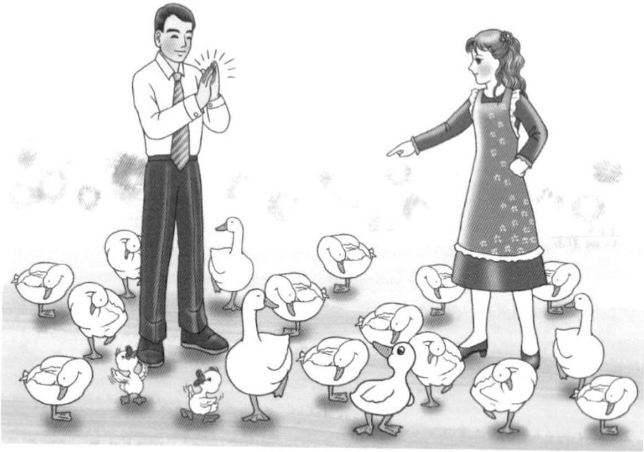

王太太見時機成熟，就對先生說：「難道你不知道嗎？有掌聲才有兩條腿的啊！」

一個幸福安樂的家庭，需要仰賴家中的每一份子共同來營造，上下相親相愛。尤其做先生的，要讚美太太是世間上最賢慧、最美好的女人；做妻子的，也要讚美先生是最能幹、最有為的男人，夫妻相互讚美，必然就能白頭偕老。

讚美對於人是非常重要的，舉世滔滔，哪一個人不希望獲得別人的讚美、肯定？所以，做人處事要想得到方便，有時候口中的一句好話，比出多少的力氣助人，力量還要來得更大。

美好的世界

話說在某一棟公寓的樓上，住著一位雙腳殘障、不良於行的老公公，他和小孫女兩人相依為命，雖然行動不便，難得步出門外，但是老公公每天都很快樂，在這裡一住就住了十年。

有一段時期，老公公突然變得悲觀沮喪，成天唉聲嘆氣，顯得煩躁不安。孝順的孫女著急地向爺爺問明原因，原來是因為樓下一位學佛的王居士搬走了。

這位王居士每天早晚甚至於平日閒暇，都會跟隨著錄音帶播放的誦經聲做課誦，他的唱念音聲之好，甚至還超過了錄音帶。由於彼此相鄰住了許多年，王居士搬家了，老先生再也聽不到課誦的音聲，心情就煩悶起來了。

當時小孫女也才十多歲，不曉得怎麼辦才好，不過為了讓爺爺開心，還是費盡千辛萬苦去尋找王居士，最後竟然找到了。她對王居士說：「能不能請您錄下念佛的聲音？」王居士覺得奇怪，就問：「是你自己要聽的嗎？」小女孩搖搖頭說：「不是我，是我的爺爺。過去我們和您住在同

一棟公寓裡，他聽了您十年的念佛聲，自從您搬走了以後，他再也聽不到，心裡就很憂傷。」

王居士一聽，不但答應為老公公錄下最好聽的念佛聲，並且承諾三天後親自把錄音帶送去。

三天後，王居士來到了這對祖孫的住處。他向老公公說：「從今以後，我早晚都會念佛給您聽，我要在您家裡設個佛堂，早晚課誦我們就一起來做吧！」老公公很感動，說：「王居士，您願意錄卷錄音帶送我，我已經感激不盡，怎麼好勞駕您來回奔波呢？」王居士說：「老先生，一點也不麻煩，我又搬回來了！」

從此，這一棟公寓裡，再度響起了美妙的念佛聲，兩家也成了通家之好，交情深厚，信仰相同，一切也都有來往，彼此互相幫忙。

美好的世界要靠每一個人自己去創造，當我們埋怨於人際的冷漠疏離時，先從自己散發溫暖熱情做起；無奈於社會的亂象叢生時，先從個人克己持戒開始；感慨於功利主義掛帥時，先從自己慈悲喜捨做起。如果家家户户都能像王居士和老公公一樣，互相尊重、互相包容，這不就是美好的世界了嗎？

師父的腿子

有一位老和尚患了風濕病，兩條腿痠痛不已，他的兩個徒弟為了表達孝心，每天輪流來替師父按摩，大徒弟按摩右腿，小徒弟按摩左腿。

每次大徒弟來按摩右腿的時候，老和尚總會在他面前讚美小徒弟按摩有方，讓他的左腿減少很多疼痛，大徒弟聽了就不大開心；等到小徒弟來按摩左腿的時候，老和尚也在他面前誇讚大徒弟按摩很用心，讓他的右腿日漸康復，小徒弟聽了也不大高興。

老和尚原本是一番美意，希望師兄弟彼此勉勵，相互學習。可是兩個徒弟卻誤以為師父讚歎對方，就是不歡喜自己，因此妒火中燒。有一天，大徒弟來按摩的時候，趁著小師弟出門辦事，心想：師弟，每次師父都說你按摩得怎麼好、怎麼好，哼！今天趁你不在，我就把你按摩的左腿打斷，讓你明天沒有腿可以按

摩。

第二天，師弟回來了，看見自己按摩的左腿被打斷了，不禁怒火攻心，就想：一定是師兄故意跟我搗蛋，把我按摩的左腿打斷了。好！我也要把你按摩的右腿打斷，讓你從今以後沒有腿子可以按摩。

就因為師兄弟兩人之間互相嫉妒，讓師父的損失更大了，因為他沒有腿了。

世間上很多的人事，就是因為大家互不相容、互不尊重，你不希望我好、我不希望你好，為了爭一口閒氣，以致兄弟鬩牆、親人反目、朋友仇視。中華民族的民族性有很多優點，但是不希望人家好，則是一個醜陋的惡習。要知道，我們想要今天的社會更好、家庭更好、人我之間更好，一定要歡喜你好、歡喜他好、歡喜大家好啊！

五指爭大

有一天，五根手指頭召開小組會議，彼此爭相做老大。首先，大拇指威風凜凜地說：「我是老大！只要我大拇指豎起來，就是最大、最好的象徵。所以，你們都要聽我的！」

食指聽了不服氣，反駁說：「民以食為天，人類品嘗美味的時候，都是先用我嘗味道的。尤其我還是一個指揮，只要我的手比向東，人們就往東；比向西，人們就往西。所以你們都應該聽我的，我最大！」

隨後，中指不可一世地說：「在五根手指當中，我居中、

我最長，你們都應該聽命於我才對！」

優雅的無名指接著就說：「我雖然叫無名指，但是你們看！一般人過生日、做壽、結婚時配戴的金戒指、鑽石戒指，都是套在我的身上，只有我全身珠光寶氣。我這個無名指才是真正有名啊！」

四根手指各自炫耀了自

己的偉大及重要性之後，唯獨小指頭默然不語。大家就問：「咦！小拇指，你怎麼不說話呢？」

小拇指說：「我最小、最後，怎麼能跟你們相比呢？」正當大家讚歎小拇指謙虛的時候，小拇指接著又說：「不過，當我們合掌禮敬師長、佛祖、聖賢的時候，可是我最靠近他們喔！」

社會上爭做老大的人，屢見不鮮。但是真正的老大，並不是用身分的高低、排名的先後去衡量的，誰能對人慈悲、友愛、服務、謙虛、恭敬，誰就是最大。偉大不是爭取來的，而是一個人表現出來的氣度。你的心能包容一個家庭，你就可以做家長；你的心能包容一個城市，你就可以做市長；你的心能包容一個國家，你就可以做總統、領袖；你的心能包容一個地球，乃至三千法界，你就可以和佛心契合無間了。

曾施一笠管山河

梁武帝做了幾十年的皇帝，其中為人津津樂道的是，他曾經四次捨身到同泰寺出家，不做皇帝，把自己奉獻給佛教。

有人就研究了，既然梁武帝不要做皇帝，為什麼還當了幾十年的皇帝呢？所謂「做皇帝有做皇帝的福報」，什麼事情都不是憑空而有的，必定因緣和合，風雲際會，才能做皇帝。

據說梁武帝過去是一個打柴的樵夫，有一天砍完柴，挑著木柴下山的途中，遇到了一場雨，他看到路邊有一尊石頭塑造的菩薩像，不忍心菩薩淋雨，就解下自己頭上的斗笠，給菩薩戴上。由於他的這麼一點善心，後來就如民間流傳的一首偈語：「三寶門中福好修，一文施捨萬文收，不信但看梁武帝，曾施一笠管山河。」好心有好報，感得做皇帝果報。

所以，每一個人平日要留意自己的舉心動念、言行舉止。有時

候，說一句好話，也會有深遠的功德；做一件好事，也會有不可思議的功德。

社會上的人經常都要去拜神明，求平安、求功德、求福報、求考取大學、求得到好女婿、嫁到好丈夫。其實，有時候不一定要去求，只要你肯得結緣，只要你肯得給人，只問耕耘，不問收穫，自然也會有很大、很多的收穫。因此，不要只看一時，要看未來，所謂「因緣果報」，自己可以改善自己的境遇，你要想獲得什麼，從現在起就要培植因緣，等到因緣具備了，即使你不求，也自然會有。

一毛不拔

有一次，閻羅王在審判鬼魂的時候，驚堂木一拍，說道：「張三，你投胎到人間做人！」再一拍，說：「李四，你也到人間去做人！」聽到驚堂聲此起彼落，等在一旁的猴子終於忍不住，抗議說：「閻羅王，這個你也讓他到人間做

人，那個你也讓他到人間做人，你也發個慈悲，讓我這隻猴子可以到人間做一次人嘛！」

閻羅王就說了：「猴子啊！人的身上沒有長長的毛，你全身上下毛茸茸，怎麼能到人間去做人呢？」反應機伶的猴子聽後，立刻說：「閻羅王，我把身上的毛給拔了，不就可以到人間做人了嗎？」閻羅王拗不過猴子再三哀求，就說：「好吧！來人啊！來幫猴子拔毛吧！」沒想到才拔了猴子一根毛，猴子痛得吱吱叫，一溜煙就逃之夭夭了。閻羅王見狀，不禁嘆了一口氣，說：「連一毛也不能拔，怎麼有資格去做人呢？」

由此可以知道，我們所以能到人間來做人，必定是過去世做過多少的功德、做過多少的善事、幫助過多少的人。如果當初慳吝不捨，一毛不拔，要做人也就不容易了。

所謂「如是因，如是果」，大家平時多說一些好話、多做一點好事，是不會吃虧的。因此，奉勸世間所有人等，平常就要建立服務的觀念、利人的觀念、給人方便的觀念，積極地與人為善，和人分享，可千萬不能如猴子一毛不拔，那就沒有條件做人了。

老奶奶的由來

母親過世的時候，我寫了一篇追悼的文章，並於《講義雜誌》發表，題目就叫做〈母親，大家的老奶奶〉。

有些人不明白，為什麼稱呼「大家的老奶奶」？是因為母親九十五歲高齡？還是因為我的徒眾稱她老奶奶呢？其實，「大家的老奶奶」是有一個來由的。

早年，大陸生活清苦難挨，一般市井小民不要說吃飯艱難，連喝水都艱難，水質劣，骯髒汙濁，也沒有自來水可以飲用。我俗家旁邊剛好是一所國民小學，全校學生也都沒水可喝。

母親那時已是七、八十歲的老人家了，疼惜孩子沒水可以飲用，便獨自走到很遠的地方挑水回來煮，再弄個凳子擺到門口，將燒滾的開水一碗一碗地放好。一待放學，許多小學生歡歡喜喜跑來喝水，看到母親就喊：「老奶奶好！老奶奶好！」

「老奶奶」之名，從那時候起就漫地漫天地稱呼起來。後來到了臺灣，甚至到美國，大家也都稱呼她「老奶奶」。

徒眾希望在佛光大學裡建一棟「老奶奶紀念館」，他們認為，「老奶奶」就是一種慈悲的代表，「老奶奶」也代表有智慧、精明能幹，以「老奶奶」為名，可作為現代青少年學習、效法的精神模範。

生活中，能可以處處為人著想，擁有「為鼠常留飯，憐蛾不點燈」的心懷，就像我的母親——大家的老奶奶，不僅溫暖人間，給人方便歡樂，也豐富了自己生命的內涵，一生獲得他人敬愛。

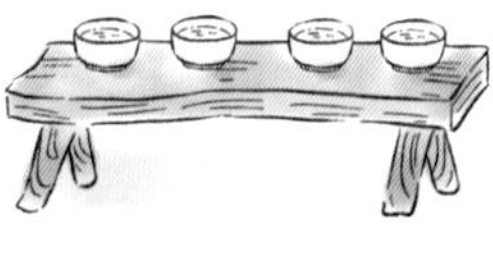

乞女變皇后

有一個以乞討維生的貧窮女孩，一天經過一座寺廟，適逢法會期間，她看到很多人在打齋、點燈、做種種布施，心裡很羨慕，就想：我一個靠乞討過日子的女孩，沒有什麼錢，怎麼布施呢？她一面想，一面摸摸口袋，咦！不曉得什麼時候撿到了一個銅錢？隨即，她高興地拿著這個銅錢，跟著大家就去布施結緣了。

乞女布施的消息傳出去之後，住持大和尚被她的真心感動，便親自來為她誦經祝福。

過不多久，這個國家的皇后去世，國王非常悲傷。大臣們見國王成天悶悶不樂，都鼓勵他出外打獵遊玩散心。當國王來到了山林，遠遠就看到前方的樹下大放光明，走近一看，發現光芒竟然是來自一位乞丐女孩的身上。這位女孩雖然衣衫襤褸，卻長得眉清目秀，國王一歡喜，就把她帶回了宮中，讓她沐浴盥洗，換上新裝。

經過妝扮的女孩，就像仙女般美麗，漸漸地，國王就喜歡上她，立她做了皇后。

從乞討的貧女，搖身一變成為皇后之尊，她想一定是布施的功德，才有這樣的福德因緣，便準備了十大車的金錢寶物，載送到寺廟裡打齋供僧。

可是這一天供齋的時候，只有知客師出來迎接。她很納悶，就問：「以前只有一枚銅錢的布施，住持和尚就親自為我誦經、祝福，為什麼現今我成為皇后了，用幾千萬倍的財物來布施，反而只是知客師父出來招待呢？」

知客師就告訴她：「當初你是個貧窮的乞丐，布施的銅錢雖然微少，卻是你傾盡所有，那種虔敬布施的心意是比天地都還要大

的。現在，你帶著高傲、我慢的心而來，雖然看上去是十大車的金錢供養，實際上卻是很微薄的，就不需要大和尚來為你誦經祝福，只要知客師接待就夠了。」

從這一件事情我們可以知道，功德的大小不光是從金錢的多少來計算，主要還是看你的心意虔不虔誠。所謂「心香一瓣，普遍十方」，有時候，你能以一顆恭敬、誠懇的心做好事，甚至比金錢的布施還要來得重要。

金婚剩菜

別人吃過的剩菜，大部分人都不歡喜吃，也有人愛惜物力，惜福吃了；或者基於體諒別人的慈心，新鮮菜供人食用，剩菜自己吞下。

飯桌上，有一個家庭主婦，每次用餐都請丈夫先食用，丈夫體貼地說：「一起來吃。」「你吃啦！你吃啦！」「我吃了，你就只能吃這些剩菜啦！」「我就是喜歡吃剩菜。」日子久了，丈夫真認為妻子喜歡吃「剩菜」。

對於兒女，她也是先喚小兒小女吃，兒女孝順母親，說：

「媽媽一起來吃嘛！我們都吃完了，您吃什麼？」她溫柔地回應：「孩子們你們吃，媽媽喜歡吃剩菜。」慢慢地，孩子也真以為母親愛吃「剩菜」。

夫妻倆金婚紀念日，丈夫想要同時慶祝妻子七十歲生日。他左想右想，如何給愛妻歡喜呢？兒女也在研究，怎麼樣給媽媽一個

驚喜呢？親子三人正陷入苦思中，忽然女兒想到：「媽媽最喜歡吃剩菜，那天我們就弄一桌豐盛的剩菜好了！」

金婚紀念日這天，三人準備一桌剩菜，丈夫特別盛了一大碗剩菜放在妻子前面，喜孜孜地說：「太太，你最喜歡剩菜，今天這個金婚紀念日，也是你的七十歲生日，我們請你好好吃一頓。」兒女也一同應和：「媽媽，我們今天準備很豐盛的剩菜給您呢！」媽媽含著眼淚，感動地說：「為了愛、為了別人，我喜歡吃剩菜，我就在這樣的歡喜中，過了一生。」

愛是偉大的，犧牲也是偉大的，故事中「愛吃剩菜」的母親，為了疼惜丈夫兒女，犧牲奉獻，吃了一輩子的剩菜，卻不曾覺得自己失去什麼，反而獲得讓全家人緊緊擁抱一起的愛。

體諒，也是一種美德，能了解別人的辛苦付出，善解人意，家庭社會就多一份體貼與美好。

狗子告狀

有一隻狗子到法院按鈴申告，法官感到很意外，就問牠：「人免不了會有冤屈不平，你做條狗，生活單純，來告什麼狀呢？」

狗子委屈地說：「有一天我肚子實在很餓，就到李四家去討飯吃，他不給我飯

吃也就算了，但是我依照狗子討飯的規矩要飯，李四竟然用棍子痛打我一頓，他侵犯我的『狗權』，我要請法官判他的罪！」

法官聽後不禁莞爾，就說：「你們跟人類討飯吃也講規矩啊？」

狗子回應道：「我們到人家的門口要飯吃，只有前面的兩條腿可以伸進門檻裡，後面的兩條腿一定要露在門外。我沒有違反規矩，他怎麼可以打我呢？所以，我無論如何都要告他！」

法官覺得狗子的申訴有理，就說：「李四打你確實不對，不過這是我生平第一次判決狗子向人告狀的事，我要怎麼處罰李四呢？我想聽聽你的意見。」

狗子聞言，欣喜雀躍地說：「請罰他來世做個大富翁！」

法官甚覺詫異，說道：「你不處分李四，反倒給他討便宜？」

法官的一席話聽在狗子耳裡，不禁黯然神傷起來。牠說：「法官大人，你有所不知，我的前世是個家財萬貫的富翁，但由於為富不仁，不肯施捨助人，像個守財奴，今生才墮入畜生道為狗，每天吃人家剩下來的飯菜，還要飽受欺凌。所以，我請法官你判李四來世做個富翁，讓他也被錢財蒙蔽智慧，最後嘗嘗做狗的滋味。」

雖然這只是一則趣譚，但也昭示我們，人生的價值並非只在為自己創造財富，自私自利地過一生，生而為人應該要有使命感，樂於助人，喜捨結緣。在這個世間上，不要以為有錢就可以做功德，有錢也可能造罪；不要以為有錢就可以做好事，有錢也可能做壞事。所以，有錢的人應當更愛國家、愛社會，多做一些福利大眾的事情，可千萬不能為富不仁，讓來生還淪入畜生道，那可真是划不來呀！

發光的手指

佛陀在世的時候，僧團裡彼此分工合作，如同中國叢林寺院裡的「四十八單職事」，有監院、有堂主、有司庫、有典座、有知客、有糾察……職務井然有序，大眾都能安心辦道，生活和合無諍，所以又有「六和僧團」之稱。

僧團組織很嚴密，比方說，有遠方的比丘到來，當地的寺院道場都要給予妥善接待。當時有一個比丘名叫駝驃，就奉命接待遠方來掛單的雲水僧。由於雲水僧大都從老遠風塵僕僕趕來，抵達時多半已經過了三更半夜，駝驃比丘每晚都得

打著燈籠、點著蠟燭送他們到住宿的地方。

年復一年，日復一日，駝驃比丘總是在別人已經休息的時候，還繼續忙碌著，一轉眼，就服務了三十年。不過，三十年的歲月過去了，駝驃比丘再也不用提燈籠為客人帶路了，由於他經年累月的發心，現在只要手指一舉，就能發光照明，引領客人前往住處了。

現在這個「速食」的時代，無論做什麼事情都講求速成，有誰肯為人服務二十年、三十年呢？駝驃比丘的發心，讓他感得手指放光，或許有很多人認為不可思議；其實放光並不是佛菩薩的專利，只要有一顆至誠的心，人人都可以放光。

世間上沒有立刻成就的事，也不是每一件事情都有「特效藥」，砌房子尚且需要從一磚一瓦慢慢地堆砌，才能成為大樓；做學問尚且需要從一字一句慢慢地研究，才會有學問；做人處事倘若不經一番寒徹骨，焉得梅花撲鼻香呢？我們立志願、定目標也是如此，最重要的是學習駝驃比丘為人服務二十年、三十年的精神。果能如此，光明不但能照耀別人，也能照耀自己。

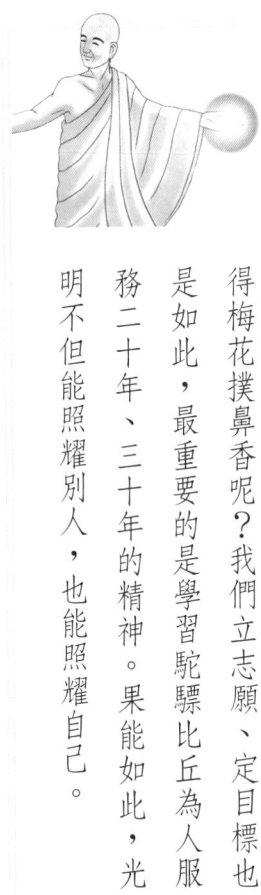

黃金毒蠍

有個村莊裡，兩戶人家比鄰而居。東邊這一家的主人王善有一天外出辦事，返家途中遇到了一位衣衫襤褸的和尚，跛著腳沿路托缽乞食，步履維艱，於是他上前就說：「師父，請您到寒舍來住，接受我的供養吧！」

歲月匆匆，這個跛腳的和尚在東家一住就住了一年多，心中實在感到過意不去，便想告辭他去，王善縱使再三挽留，也都留不住，最後只有遺憾地說：「師父，您在各地雲遊行腳，如果將來有緣分再回到這裡，歡迎住到我的家裡。」

等到跛腳的和尚走了以後，王善整理房間，無意中發現他的床下竟有一箱黃金，箱子外貼有一張字條，寫著「好心有好報」。王善看著這箱黃金，心想：「這麼多的黃金，該怎麼運用呢？」靈機一動，他想到：有了！不如把這些黃金拿來請人砌一棟房子，提供遊方的雲水僧行腳掛單。

西家的李四聞風而來，心想：「我在這裡住了幾十年都沒有發

財，王善怎麼能在一夕之間就成為巨富呢？」於是跑來詢問王善。在王善如此這般地說明以後，貪心的李四心想：「這樣就可以發財？那我也來照做看看！」於是他開始四方尋覓，希望能找到一個跛腳的和尚，好接受他的供養。

然而一個月過去了，仍是一點消息都沒有。當他心急如焚，眼看著發財夢就要泡湯的時候，有一天走在路上，正好迎面走來一位和尚，財迷心竅的李四趕緊上前把他抓了起來，並且用棍子將他的腿打傷，讓他不好走路，方便綑綁在家裡。只是，幾天以後，李四就又把和尚趕了走，心裡想：這一下可以發財了！

和尚一走，李四迫不急待地就去整理他掛單的房間，只是床一掀開，赫然出現一隻毒蠍，李四眼睛一瞪，還來不及躲避，人就被毒蠍給螫了。

富貴榮華不是說想要就會有的，也不是追求就能求得的，而是要有因緣，要懂得播種，春天不播種，秋天哪裡能有收成呢？何況播的不是好苗，又怎麼能有善果呢？東家因為播對了種，憑著善行而能發財，西家播錯了種，惡行當然就不能發財了。因此，人生在世，善惡因果，可不慎哉？

黑鼻觀音

有位婦女擁有一尊白瓷觀音。觀音聖像質地細緻，塑工精巧，寶相莊嚴，任何人看了都心生歡喜。有人對這位女士說：「再莊嚴的觀音聖像，如果不到寺院裡開光，是不會靈感的。」婦女聽了以後，便帶著她心愛的

白瓷觀音到寺院裡去開光。

來到寺院，佛殿的供桌上早已擺滿了供品，以及很多等待著開光的菩薩聖像。婦人見狀，心裡一急，竟然就把別人的供品、佛像都給推移到旁邊，然後將自己帶來的白瓷觀音擺到了中間。

接著，婦人開始燒香祝禱。一邊祈禱，一邊她卻發現香煙隨風吹送，都飄到了別的菩薩那裡去。這下她又急了，想著：這怎麼可以？我燒香主要是給我的菩薩聞的啊！不得辦法，她只好把香環綁在白瓷觀音的鼻子上。

婦人對於自己的做法甚為得意，心想：這麼一來，就只有我的菩薩可以聞到香味了。幾個小時過去，可想而知，白瓷觀音也就變成黑鼻觀音了。

人總是自私地認為別人不重要，自己才重要。像是有些人到寺院或神廟裡拜拜，看到人家的水果擺在中間，就把它推到供桌邊上，以為供品就是要放在正中間，佛菩薩、神明才看得清楚。事實上，只要我們的心意虔敬，供品放在哪裡佛菩薩都會知道的。

禪宗常說「真如自性」，就是說我們的心本來是光明的，就因為給自私、執著染汙，而蒙蔽了真心本性。就好像一面原本明亮的鏡子，沾染了塵埃，人們攬鏡自照，再怎麼照也看不清楚自己。因此，唯有如神秀大師所說：「時時勤拂拭，勿使惹塵埃。」去除自私、執著，不讓我們的心給煩惱染汙，才能回復本來面目。

意外的因緣

一九七四年，佛光山舉辦「大專青年佛學夏令營」，這在臺灣應該還是初創的營會，但是來自全臺的大專院校青年前來研究佛法的為數不少。那時候，我們心裡想的都是要如何好好地招待他們，與他們結緣。

兩個禮拜的課程結束後，我忽然想起我們的朝山會館才剛裝修完成，應該帶他們去參觀一下裡頭的設備，看一看佛光山現代化的建設。因為想到佛經中描述的西方極樂世界，都是黃金鋪地、七重行樹、亭臺樓閣、水鳥說法，何不讓佛光山的建築之美，也能對這許多大專青年做一個現身說法呢？

就這樣，我請知客法師帶領著他們，從這一間房間走到那一間房間，就好像在參觀觀光大旅社一般。他們走在前面，我則走在最後。入舘不久，不曉得何時跟來了四位年輕的女性遊客，操著不太標準的中文口音。詢問之下，知道她們遠從新加坡來，便邀請她們一同參觀。

隨著一間間房門的打開，驚歎聲此起彼落地響起。當大家參觀到一間比較特

殊的房間時，同學們如同看到所謂「總統套房」似地，雀躍不已。其中一位新加坡少女甚至說：「哎喲！這麼好的房子，如果可以讓我在這裡住上一晚，我死了也甘願。」

我一聽，這麼嚴重？只要住上一晚死了都甘願？聽到她這樣的願望，又怎麼忍心不滿其所願呢？我立刻說：「歡迎你們今天就住在這裡。」她感到很意外，就說：「真的嗎？」我說：「當然是真的。」

話一說完，我隨即下樓向辦事的人索取鑰匙。最初他不肯，磨蹭了一會兒，才不情願地交出鑰匙。但是事後他就怪我了：「師父！怎麼可以隨意將這種上等的套房給不認識的人住呢？」我心想，人間也可以有個現代的天方夜譚吧！一夜皇帝都能做了，何況她說住一夜死了都甘願，又有什麼不可以呢？

這四位女孩回到新加坡以後，我收到了她們一紙數十萬元的支票，此後每年佛光山舉辦什麼法會、做什麼善事、功德，她們也都會寄上一大筆的善款來支援。

佛光山至今常能有一些好因好緣，或許就如當年我提供房間給四位女孩住，讓她們獲得意外的因緣，後來她們也持續護持佛光山多年，讓佛光山同樣獲得了意外的因緣。所以，希望大家都能多結一些意外的緣分！

遠方菩薩

有一位信徒為了消災免難、求長壽，找來一位師父到家裡誦經祈福。這位師父誦完經以後，緊接著替他祈禱求福，於是口中喃喃念道：「南無遠方菩薩，現在某某信徒向你祈求，希望你給他富貴、給他榮華、給他升官、給他發財、給他……」

這個信徒在後面聽了，就拉拉師父的衣服，說：「師父，你怎麼向遠方的菩薩祈求呢？近處的菩薩也很好啊！」

這時，師父就說了：「老實跟你講，我調查了你的為人行

事，平常既沒有廣結善緣，也沒有做什麼好事，更不曾想要造福社會大眾，反而是慳貪、瞋恨、愚痴、執著、邪見，我怕近處的菩薩都認識你、知道你，而不給你感應，不得已，只有替你求遠方的菩薩，或許遠方的菩薩不知道你、不認識你，多少還能照顧你一點。」

世間上無論什麼事情，都

是有因果關係的，你想要怎麼收成，就必須怎麼栽種。比方一顆石頭沉到水裡去了，有人祈求：「神明啊！神明啊！讓石頭浮起來吧！」石頭終究是不會浮上來的；油浮在水面上，我們誦經祈求神明：「油啊！油啊！沉下去吧！」它也沉不下去。

這個故事很幽默，也非常諷刺，但是想想，事實也是如此，自己平常不懂得做好事，卻希望神明、菩薩來保護我們，來給我們利益，像這樣貪心不足怎能得到佛菩薩、神明的欣賞呢？所以，我們不要以為緊要關頭再來求神明、求菩薩，就會有感應，最重要的還是平常就要多播種，種子播撒下去以後，就算你不求神明，它自然也會生長、開花、結果，滿我們所願。

歡迎停車

我在美國洛杉磯創建西來寺時，規劃的停車位約三百個，當時我想：即使信徒遊客再多，三百個停車位必定夠用。幾年發展下來，訪客人數日漸增加，每逢週日、節慶，三百個停車位根本不夠使用，即便連寺前的道路也充分利用了，還是不夠。因此，信徒、訪客就必須辛苦地將車子停放到離寺院較遠的地方，我們雖然過意不去，也無可奈何。

停車位不敷使用的問題，卻在美國人一種「給人方便」的性格中歡喜解決了。有一個叫海拓的社區，居民知道西來寺

的停車場不夠，就在自家門口寫下「歡迎到海拓來停車」的看板。此外，西來寺山下有幾十戶居民，若車庫前面仍有空地，他們也在車庫前寫下「歡迎停車！三部！」的大字。美國人這種「給人」的精神，不需要很大的犧牲，卻給人很大的方便與感動。

我們待人處事時，也能夠惠而不費，既幫助別人，自己也沒什麼損失，何樂而不為！有時候口頭講幾句好話，就能給人幫助，有時候給人一個笑容，也能給人幫助。

在美國，路上遇到不認識的美籍人士，見面時都會主動向你說聲「哈囉！」跟你問好。反觀我們，是否在與人見面時，能夠主動表示一點關懷，多一些和悅的表情與笑意呢？

中國人的民族性必須改革，國家才會進步。怎麼改革呢？先從待人好做起，對人說幾句好話，布施一點小小的東西，甚至提供停車的空間，發願「給人」一點方便與歡喜，讓小小的心意慢慢擴散、影響，無形中就能改善社會風氣，強大國家的能量。

銀貨兩訖

曇一禪師要想修建一座寺院，有一位信徒聽到消息，立刻就捐了五十兩銀子，並且得意地對禪師說：「禪師，我捐給你五十兩銀子哦！」禪師聽後，只是輕輕點頭應諾，收下銀子，便轉身去忙其他的事。

信徒覺得很奇怪，五十兩銀子不是小數目，怎麼交給了禪師，他卻連一聲「謝謝」都沒有呢？不過，信徒又想，大概是曇一禪師沒有聽清楚自己說的話，不知道這是五十兩銀子。所以，隨後他又大聲地說：「禪師，那是五十兩的銀子呀！」

曇一禪師聽了仍是淡淡地說：「哦！哦！哦！」也沒有表示什麼意思，就往佛殿的方向走去了。信徒看禪師冷漠的樣子，心裡很不高興：我們在家人賺錢很不容易，我捐給你五十兩銀子，你怎麼連一聲「謝謝」也沒有，就不能表示一點重視的樣子嗎？

這位信徒繼續跟著禪師走向佛殿，路上終於忍耐不住，說：「禪師，剛才給你的五十兩銀子，難道沒有價值嗎？」

這時候，曇一禪師已經走到了佛殿前，聽到信徒這句話，趕緊停下來，回應道：「哦！哦！」接著就對著佛殿裡的佛祖大聲說：「佛祖啊！這一位信徒捐給寺院五十兩銀子，現在我就代表佛祖向他說一聲：『謝謝！謝謝！』」說罷，曇一禪師繼續又說：「這樣總可以『銀貨兩訖』了吧？」

信徒聽了，感到很慚愧，心想：難道我奉獻給佛祖，一定得貪求一聲「謝謝」，立一個功德芳名，留一個紀錄，才能補償自己這五十兩銀子的奉獻嗎？

其實，有相的施捨，反而會把布施的價值及功德減低了，假如是無相的施捨，冥冥中自有功德福報，何必要計較呢？希望每一個宗教的信徒，對宗教的擁護、對宗教的支持、對宗教的奉獻，都能帶著一種無償的心理，不要有「銀貨兩訖」的心態。所謂「有心栽花花不開，無意插柳柳成蔭」，無相布施的功德才大，有相布施的功德反而少啊！

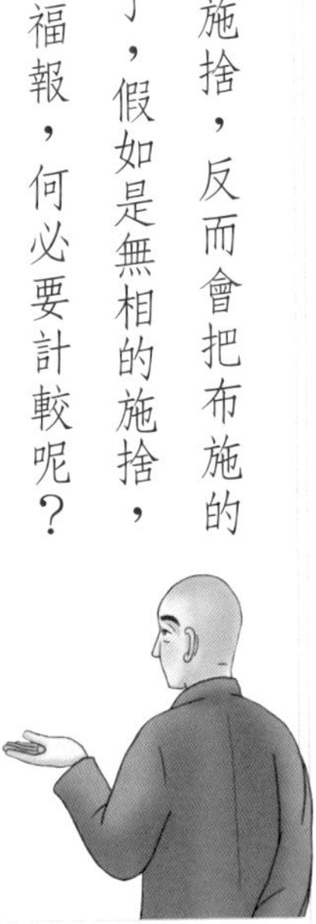

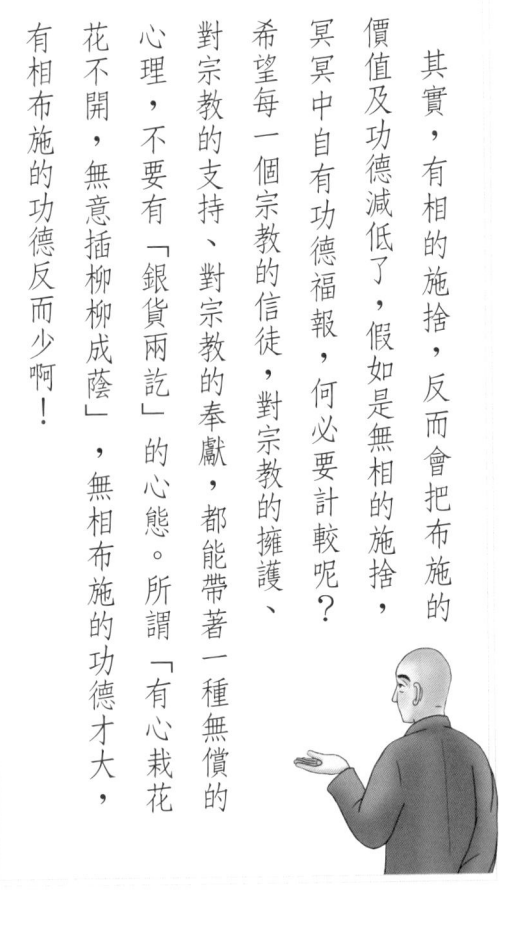

廣結善緣

佛光山在澎湖有一座寺院，叫做「海天佛剎」，幾十年前我經常帶領徒眾及佛學院的學生到那裡參訪。在澎湖，一上了公共巴士不久，導遊小姐就會拿出一些當地的特產對遊客兜售，可是我們這一輛車裡坐的全都是出家的學生，用

不上這些東西，當然也就沒有人會去買。只是這麼一來，覺得實在很對不起導遊小姐的一片好意，我也只好代表大家向她購買，往往一買就是幾十份。

來到觀光區參觀的時候，沿途也都有兜售紀念品的小攤販，可是都門庭疏落，乏人問津，擺放的石頭、貝殼沒有人買，想到他們這一天的生活必然不好過，就又想：好吧！既然來了，就買一點回去吧！

只是我又掛念，如果光是買一家，其他小販的生計怎麼辦呢？左思右想，乾脆請徒眾到每一個攤位結緣，一家購買一百元，反正這麼遠的一趟路都來了，一家分一點錢結個緣又何妨？意想不到的是，這個一百元一給下來，日後我們再去澎湖，他們看到了，都會主動合掌對我們說「阿彌陀佛」。

那時候我就想，觀光客在世界各地旅行，如果也能給當地服務生一點小費，與小攤販結一點小緣，不但能提高自己國家的形象，也能提升自己心地善美的價值。所以，直到現在，我每到各地弘法，路過市集，總要請人前去隨意買個東西，才覺得安心。

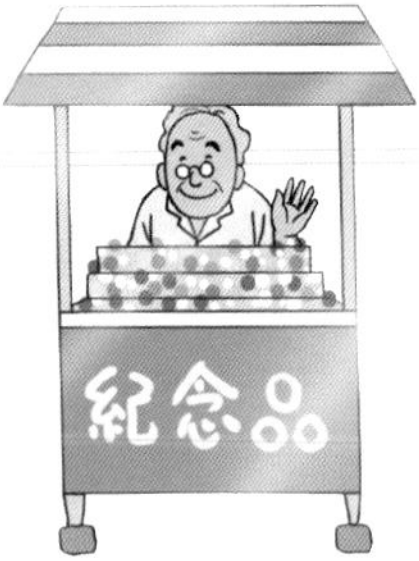

佛教昭示我們，小小的布施也是一份功德，人人其實都有一顆善心，就靠我們自己把它提起了！

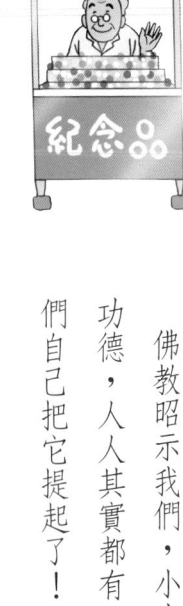

讚美就能化緣

建寺需要經費，我於全球建設道場，創辦文教、慈善等佛教事業，龐大的經費究竟從哪裡來呢？總有人會生起這樣的疑惑。

錢當然是十方來的，我不開銀行，也不辦工廠，我是「非佛不作」的，因此建寺的經費都是十方的信徒共同成就。縱使信徒共同成就，也要他們心甘情願付出。尤其，我是在大叢林中接受教育，從出家到現在都是住在寺廟裡面，不曾出去化緣，不找俗家親人，也甚少和人通電話、寫信，信徒怎

麼會給我支援贊助呢？

這其中的奧妙在於，和信徒接觸時多給鼓勵、讚美的話，做信徒的心靈加油站，而不只是要求信徒來寺院添油香，我們也主動為信徒添油香，彼此共結好緣，信徒自然無怨無悔為佛教奉獻心力。

多年前，一個信徒送我一床棉被，布質輕盈，蓋在身上很是舒服。當時，佛光山每年例行舉辦的信徒大會，有兩、三千人參加，主事的徒眾煩惱著：「假如大家都要掛單，空間又沒有那麼大，該怎麼辦呢？即使空間夠大，一個人一床棉被也買不起。」來山信徒掛單的問題，教這位徒眾不知該如何是好。

剛巧送我棉被的林月居士要來佛光山，她是做棉被生意的，或許能建議我買到廉價的棉被。會談中，我說：

「你賣的棉被既輕盈又保暖，現在因為擔心信徒住宿需要棉被，想要問問你的經驗。」

「需要多少件？」

「至少需要兩、三千件。」

「沒有關係，我送你三千條的棉被。」

就這樣，林月居士因為心裡覺得受到尊重、受到讚美，願意發心與大眾結緣，也解決了掛單的問題。

人人都需要受人肯定，一旦受肯定自然心中歡喜，心有能量，就會樂於付出助人，散播歡喜。可見得一句好話的力量，是能夠一傳十，十傳百，終究會收到不可思議的結果。

賣貧買富

佛陀十大弟子之一的大迦葉尊者，是一位證悟的阿羅漢，他的性格不歡喜向富人化緣，專門向貧苦百姓乞食。在大迦葉認為，那些大富長者榮華富貴，享用不盡，何必再去向他們化緣，讓他們錦上添花呢？而窮人所以貧窮，正是因為過去世沒有布施、積福，更應該給他們有種植福田的機會，好脫離貧窮之苦。

有一天，大迦葉尊者在外面托缽行化，看到一位衣衫破爛的老婆婆，便上前詢問：「老婆婆，請你布施一些東西給我好嗎？」

老婆婆靦腆地說：「尊者呀！我窮到什麼都沒有，就只有這一身破衣服，除此以外別無長物，怎麼布施東西給你呢？」

「既然你這麼貧窮，可以把貧窮賣給人。」大迦葉說。

「貧窮怎麼好賣給人呢？誰要來買？」老婆婆不明所以，反問尊者。

「我要買。」大迦葉篤定而

簡潔地回答。

「你要買貧窮，那我怎麼賣法？」老婆婆進一步追問。

「只要你肯布施，布施就是發財的方法。比方哪裡發生水災、地震了，你就發一點善心去幫助苦難。只要我們將種子播下去，都會有收成的。」

老婆婆聽了很高興，趕緊從僅有的破衣服上剪一塊布下來，對大迦葉說：「尊者！我就以這一塊布供養你吧！」老婆婆因為這一點善心，後來生到忉利天，享受天人的福報。

布施並不是有錢人的專利，沒有貧富的差別，貴在心意的虔敬。哪怕是貧女一燈，虔誠供佛，也能感得燈火不滅；哪怕是幼童以一抔泥土供養佛陀，也能感得日後成為帝王的大福報。布施也不一定是物質上的布施，給人一個微笑、一個敬禮、一句好話、一些方便，都是大布施。如果人人都能行布施，這個社會必定是更加美好了。

畸形

有位信徒到寺院裡，向默仙禪師祈求說：「我的妻子個性慳吝，對於社會的慈善救濟一點都不熱衷，真可說是『拔一毛而利天下，不為也！』我為此十分苦惱。師父慈悲！請為我妻子開示好嗎？」

默仙禪師答應了信徒的請

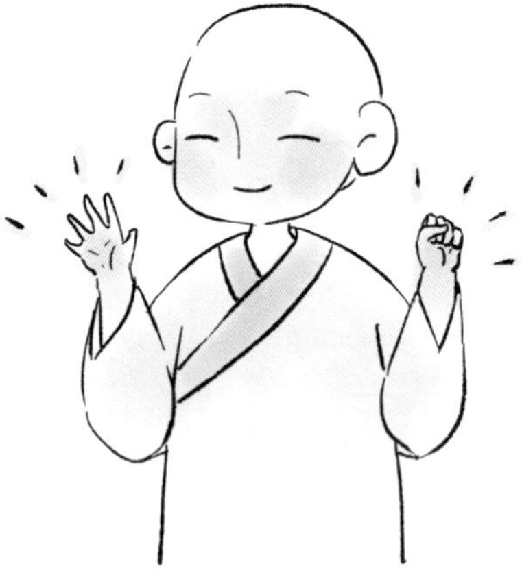

求，隔天就到信徒家中。信徒的妻子果然貪鄙，連一杯水都吝於供養。

坐在這位信徒妻子的面前，默仙禪師握拳說道：「我的手天天都這樣，你覺得如何？」

夫人回答：「真是畸形，為什麼不把手掌攤開來呢？」

默仙禪師把手張開：「假如手掌每天都攤開呢？」

夫人回答：「這也是畸形呀！」

默仙禪師這才說：「一個人如果不儲蓄、不聚財，就好像攤開的手掌，將錢財付諸流水，這就是畸形。若只想貪財、聚財、執著財富，分毫不肯布施予人，這也是畸形。」

夫人這才恍然大悟，平時自己不肯樂善好施，原來是一個畸形的人生。

有些人慳貪成性，不肯喜捨布施，其實是一種畸形的心理。佛教講布施、喜捨、奉獻，強調以歡喜心，不自苦、不自惱，量力而為。愈是喜捨布施，愈有福報，更是富貴，就像農夫種田，有播種才有收成，因此有所謂「施比受更有福」的說法。

《大度智論》提到：「檀有三種：一者物施，二者供養恭敬施，三者法施。」一個人具有樂善好施的性格，有「我有能力為大眾服務」、「我有智慧貢獻給大家」的觀念，這固然很好，倘若沒有能力、智慧，又該如何？縱使這樣，也可參與社會慈善救濟的活動，對於別人的成就，能夠隨喜讚歎，布施快樂給人，功德一樣殊勝。

王右軍的字

東晉書法家王羲之，世稱「書聖」，曾經擔任右軍將軍，因此後人稱他為「王右軍」。王羲之不但書法上的成就卓越，更是一個正義、率真的人。他在浙江會稽任官期間，不忍百姓受饑荒的痛苦，因而開倉賑貸貧民。

更有一回，他經過一座石橋，看見一個白髮老婦人在兜售竹扇。可是人潮熙來攘往，卻不見一個人肯得買她的扇子。他心生不忍，隨即從袖口裡取出筆墨，在每把扇子上大筆揮毫起來。

老婦人看見自己的扇子，被一個不認識的人弄得黑白夾雜，非常不高興。王羲之卻胸有成竹的對老婦人說：「你只要說是王右軍寫的字，一定會有人買。」老婦人也不疑有他，照著王羲之的話去做。果然，來往的人爭相購買，沒多久時間，整籃竹扇都被搶購一空。

王羲之為老婦人書扇，是

因為他懂得立場互換，心有慈悲。《優婆塞戒經》說：「不念自利，常念利他，身口意業所作諸善，終不自為，恆為他人。」這是菩薩的胸懷，也是人人應當學習的涵養。

《本業瓔珞經疏》以「慈能與樂，悲能拔苦」來定義慈悲；因心存慈悲，而能照顧到他人的處境，給予幫助，讓人心安。只要適時地收起自我利益的心，立場互換，多為他人著想，在剎那剎那的觀照、學習中，就能一步步走出自我，走向人群，成為一個受歡迎的慈悲人。

對徒孫的關懷

佛陀在世時，有個叫做億耳的沙彌。他的師父迦旃延在遠方國度弘法傳教，希望億耳替他拜會佛陀，向佛陀傳達消息。

億耳見了佛陀，佛陀與他一番關懷、談話後，便招呼僧團裡面管事的比丘，請他們在自己的房間加一張床，讓億耳睡。

佛陀又再三叮嚀比丘對億耳要好生招呼：「有什麼美味食品可以給他嗎？有什麼精緻的紀念品，讓他帶一點回去吧！」

佛陀細心的照顧與關愛，引起僧團大眾議論紛紛：「這實在是太優惠的殊遇了！」「他不過是個沙彌，怎麼可以和佛陀同睡一間寮房！」佛陀對大眾的議論，沉默不語。

等億耳回去以後，佛陀便召集大眾：「你們對好事心生嫉妒、不滿，甚至出語傷害，這樣是不對的。你們要知道，迦旃延是十大弟子之一，他在外面弘傳佛法、普度眾生多麼辛苦，我們無以感謝他，也無以去讚美他，現

在他的徒弟億耳到我們這裡，給他一點點的照顧和關懷，也是希望藉此安慰迦旃延的心，讓他能夠得到很大的鼓舞和信心。」佛陀悉心開示，比丘們這才如夢初醒，懺悔自己的言行粗鄙不堪。

做人，不應該吝於待人好、對人慈悲，見他人慈悲，又心存嫉妒：「你不必這樣啦！」「幹嘛布施這麼多呢？」「不用幫他這麼多啦！」自己無作為，又嫉人成就，不知隨喜讚歎，只願與人共沉淪，我們的世界怎麼會進步呢？因此，不如轉心改性，看人行慈悲，心生歡喜，更起而效法；見人行好事，隨喜讚歎，更盡力散播、傳揚好事。慈悲不怕大，好事不怕多，人間需要的是善美的心量，喜捨的力量，愛語的能量，推動我們的世界向至真至美的境界邁進。

種一收十

為社會辦大學，是我幾十年來的心願，但是建設大學的經費相當龐大，不是我一個人的力量可以辦到的，需要靠十方信施齊心完成。因此發起「佛光大學百萬人興學運動」，以匯聚眾人的力量，共同成就。這項運動的發起，其中有一個因緣：

有一天，籌辦佛光大學的慈惠法師，提到一則經典裡的故事：「不能小看一塊錢的力量，一塊錢有無量的功德啊！好比尼拘陀樹的種子雖小，長成的大樹卻是枝葉繁茂，蔓生四

方，每年落下的果實就有數萬斛之多，種一不但收十，甚至收百、收千、收萬哪！」

後來慈惠法師發起「佛光大學百萬人興學運動」，每人每月只要捐助一百塊錢，連續三年。這項活動承蒙許多人的護持，至今仍持續進行。

贊助一百塊錢辦大學，將

來成就的是一個碩士、一個博士，成就的是一個社會的棟梁、一個學者專家，委實是一項有益於社會人類的善事。只要有心，雖然只是一百元，其貢獻卻是不可計量的

所謂「滴水雖微，可以穿石」，雖然是布施小錢，但積少成多，也能成就大事；小小的善舉，也能成就大功德。《雜阿含經》提到：「淨信心惠施，此世及後世，隨其所至處，福報常影隨。」《大智度論》也提到：「好施之人，為人所敬，如月初出，無不愛者。」布施結緣要能持之以恆，要能心甘情願，以歡喜心來成就好事，功德必定不可限量。

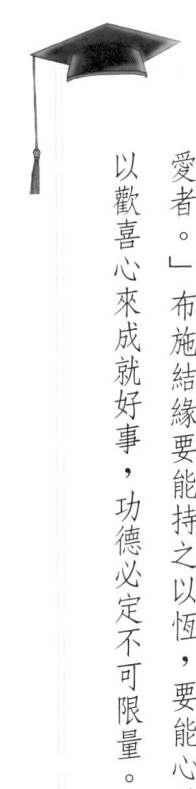

蟒蛇護金

有一位大富翁，愛財如命，慳貪不捨，一生拚命賺錢，卻不知道用錢，更別說從事慈善事業了。那麼，錢財這麼多怎麼辦呢？富翁倒是有他的想法，將所有的錢財都換成了黃金，一塊塊的黃金上還刻了自己的名字，藏在居家山後的洞穴裡，免得被人家偷去。

日積月累，黃金愈藏愈多，不過他的年紀也愈來愈大，還沒有享用得到，就撒手人寰，告別人間了。

由於一生貪心愚痴，不能廣結善緣，所以富翁死後，墮入了畜生道，變成一條蟒蛇。變成蟒蛇的大富翁，仍舊惦念著前世儲藏黃金的山洞，每天都盤踞在洞口守護。儘管遇到獵人、樵夫，牠也不害怕，還對著他們昂首吐信。

只是，這些人看到牠都想：這一條蟒蛇老是在這裡出沒，會不會加害於人呢？為了防止意外發生，有一天，大家齊心協力把這一條蟒蛇給打死

了。打死了蟒蛇以後，大家好奇地再回到山洞裡一探究竟，一看，「哇！竟然有這麼多的黃金！」於是，眾人便將黃金紛紛取走花用了。

錢財若一直聚集，就不是自己的；錢財不斷儲藏，也不是自己的；錢財不會運用，當然更不是自己的。錢財要用了，才是自己的；錢財要讓社會大家共有、共用，才是自己的。

世間上的人多歡喜積聚財富，不懂得運用財富，其實，讓人生「兩手空空而來」，又「兩手空空而去」，實在很划不來。假如我們能有一點錢財，應該要造福社會、改善社會，幫助文教、救濟貧困、修橋鋪路。錢財與人共有共享，自己是不會缺少的，不但今生可以享用，甚至於來生也能享有這許多功德，因果業報永遠是自己要去承受的。

善言的重要

曾經，徒眾永融告訴我，他的一段經歷：

這天半夜兩點多鐘，忽然電話鈴響個不停，他心想：三更半夜怎麼會有電話呢？拿起來一接：「請問是哪位？」對方回答的名字是永融法師不認識的，因此他又問：「你在哪裡？」

「我在你的門口。」

「你在我的門口做什麼？」

「我要進來。」

永融膽量也不小，兩點多鐘，竟然把門打開要讓他們進來。打開門一看，一對夫婦哭得像淚人兒一樣，兩個人都垂頭喪氣的。

一問之下，原來這位太太即將臨盆，下午到醫院作產前檢查，順道讓醫生看一看，小孩是男孩還是女孩，因為公公婆婆希望有個孫子能夠抱抱。哪裡知道醫生檢查的結果說，他

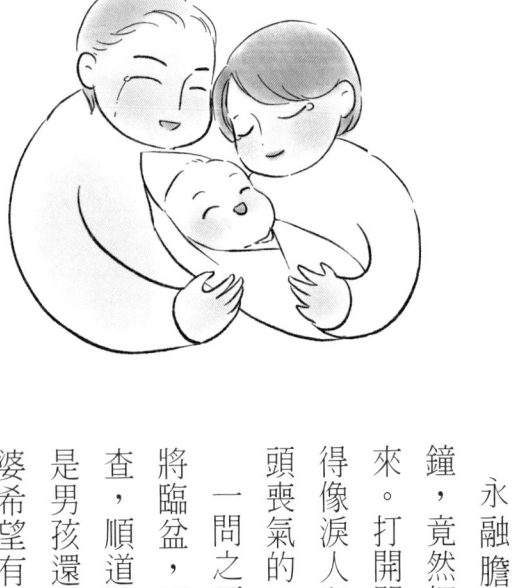

所懷的是一個有水腦症的孩子，也就是殘障兒。

這樣的結果讓夫妻二人苦惱不已。不敢回家見爸爸媽媽，只能在大街小巷轉來轉去，轉到半夜兩點多鐘，實在沒有力氣了，想到附近有一間佛光山的別分院，便決定進去。

永融法師問明經過，兩夫妻便跪倒在地說：「師父！請你救救我。」

「我怎麼救法？」永融法師心想，接著說：「走！我們到佛殿去，你拜佛的時候就想，我生下來的孩子要像佛祖一樣的莊嚴，好！再跟我持念一〇八遍的藥師灌頂真言。」

沒多久，這位太太竟生下一個白白胖胖的小男孩。是什麼樣的因緣福報？誰也不清楚。

同樣的事情，會因為我們表達的方式與技巧的不同，而有迥異的反應及效果；如果能常常給人力量、給人希望，那真是功德無量了。

羅漢與包子

在十八羅漢當中，有一位羅漢眉毛很長，被稱為「長眉羅漢」。長眉羅漢神通廣大，法力無邊，根據經典記載，他現在還活在世間，算一算歲數，應該也有二千六百多歲了。

有一天，長眉羅漢出外托缽乞食，在街頭碰到一個婦人賣包子，便站到了她的身旁，想向她化緣。賣包子的婦人看了，心裡很不高興，作勢要將他趕走，並且說：「喂！出家人站旁邊去，不要妨礙我做生意！」長眉羅漢於是走到一旁，就地坐了下來，雙眼一閉就入定了。

婦人見狀，不知道這是打坐入定，直呼：「不得了了，萬一他死在這裡怎麼辦？我會給官員治罪啊！」心裡一慌張，趕快就說：「喂！你醒來吧、你醒來吧！我願意給你一個包子！」長眉羅漢聽到婦人的話，立刻睜開眼睛，站了起來。

眼見長眉羅漢好端端的樣子，婦人倒是不甘願了，心裡想：我偏不要給你大包子，弄個水餃大小的小包子給你就好！長眉羅漢知道她的心意，就施展了一個小小的神通法力，讓婦人做的小包子，一下子黏到左邊的大包子，一下子又碰到右邊的大包子。

婦人看到這樣的情況，心裡很著急，雙手使勁地要把大小包子分離，但是不論她怎麼使力，都無法分開。到最後，婦人已經筋疲力盡，就說：「唉！算了、算了！包子統統給你吧！」

長眉羅漢開心地拿了包子就要走，臨走前，他說：「婦人家，我是個證果的阿羅漢，就算我不吃飯也不會餓死，我有神通法力，能以禪悅為食，只是我的同道們身體不好，不能出來托缽化緣，所以只好由我帶幾個包子回去給他們吃，他們氣力充足了，就可以安心辦道。」這個婦人一聽，

受到感動，心生歡喜，就說：「既然是這樣，那我就多送幾個包子給你吧！」

長眉羅漢接受了婦人供養的包子，離開時，向她道謝說：「婦人家，你用歡喜心把東西布施給人，將來會有大功德！」後來，這位婦人果然因為當初的歡喜布施，而生到天上享受天福了。

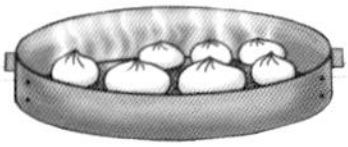

佛教講究「喜捨」，歡喜布施能增加福德，一個人愈是喜捨，就愈有福報。所以，時時懷著歡喜心布施結緣的人，是世界上最富有的人。

替佛像開光

近年來佛教徒人口增加，常有信徒家裡供奉的佛像需要法師開光，或是新的寺院落成，也會進行佛像開光典禮。佛陀需要我們為他開光嗎？其實，「開光」最主要的意義在於為自己開心光，自己心光一開，佛光自然通身遍照。

有一個寺院，請到慧空老和尚主持佛像開光典禮。慧空老和尚抵達寺院後，知客師準備為老和尚掛單：「老師父，寺裡已準備好寮房，我帶您過去。」老和尚卻說：「不，我是來替佛像開光的，佛要跟我為伴，我也要和佛為伴。我就睡在佛像邊上好了！」知客師無可奈何，只得任由老和尚去「與佛為伴」。

隔天，寺院雲集了成千成百參加開光典禮的信眾，只見老

和尚將佛像身上的瓔珞、寶珠一件件拆下來送給信徒。寺院的住持不以為然地說：「老法師！我們請您來為佛像開光，您怎麼把佛像身上的寶珠、瓔珞拆下來送人呢？」

老和尚神態自若地說：「我這不就是在為佛像開光嗎？開光，就是讓佛光普照。把佛像身上的所有東西分一點給信徒，不就皆大歡喜嗎？當初佛陀割肉餵鷹，更毫不猶豫地捨身飼虎，我把佛像的瓔珞、寶珠送給信徒，又有什麼不可以？」

慧空老和尚將佛的慈悲廣被眾生，將佛的光明普照眾生，把佛心佛德散播給世間有情，行佛之所行，才稱得上替佛像開光！

難民收容所

民國二十六年（一九三七）七月，盧溝橋事件引燃了中日戰爭。

同年，大雪飄飄的臘月，烽火瀰漫到了南京，不幸演變成「南京大屠殺」的歷史悲劇，造成生靈塗炭。在南京棲霞山寺，流離失所的百姓，就像過江之鯽般蜂擁而來。當時，家師志開上人正在棲霞山擔任當家，他義不容辭地成立了難民收容所。據聞，那時候，每天都有十萬人以上要吃飯。於是在天寒地凍的日子裡，志開上人動員了全寺住眾和信徒幾百個人，一同煮粥供應。但是受難的人太多，儘管一鍋接著一鍋煮，有時候仍然來不及供應。

忙了一段時期，時局終於慢慢穩定，寺方便全力協助難民往大後方去。

等到八年抗戰一結束，我們的國家勝利了，卻有一些想要發「勝利財」的人也出現了。即便棲霞山只是一座

寺院，竟也有人覬覦它廣大的林地。只是，佛教道場沒有什麼力量，眼看著即將被人瓜分侵占了，寺方也束手無策。

正當大家愁容以對的時候，很意外的，新六軍的軍長廖耀湘派人帶來了一塊牌匾，說要送給棲霞山。原來八年前，抗戰期中，他也是難民之一，接受過棲霞山的援助，當時他還只是個營長，現在已經是軍長，為了報答棲霞山救助的恩惠，便以牌匾表示感謝。當那塊牌匾一掛上，地方上的流氓惡霸，因為畏懼軍方的威權，再也不敢壓迫棲霞山了。

其實，棲霞山於戰爭中施粥救急，懷抱的是「不忍眾生苦」的悲心，並沒有想到要他人回饋。不意卻因為這麼一個善行，保住了棲霞山的寺產，也讓道場香火得以延續。

從這件事情來看，一個人做好事，雖不一定想求什麼功德、回報，但是因緣到了，很自然就會有。就像一顆種子播撒到地上，有一天因緣具足了，自然就會發芽、生長。所以，在這個社會裡，大家要多多做好事，多多積功德，將來必定是會開花結果的。

提款記

現代人，或者由於繁忙的工作，或者惱人的人際關係，或者複雜的情感問題，或者吃重的經濟負擔，致使有愈來愈多的人，不知不覺地把自己綳緊，把自己的心門關得牢不可開，不知人生的意義與生活的樂趣，甚至失去動力，變得盲目、迷茫。

其實，生活當中時時處處都有歡樂，只是我們懂不懂得從大大小小、點點滴滴的事物裡創造歡樂。

有一位小姐趁著午休時間，到公司附近的郵局提款。恰巧排在她前面一位老態龍鍾的阿婆也要提款，可是阿婆卻不知如何填寫表格。辦事人員看看後面，笑容可掬地說：「小姐，您方不方便幫這位老太太填表格？我趁這個空檔先辦您的。」

「當然可以。」

過一會兒，這位小姐已經填好表格，和阿婆熱絡地交談著。辦事人員把款項交給

她，一接到阿婆的表格，就誇讚：「小姐！您很慈悲，寫的字也好漂亮！」

這位小姐也對著銀行員說：「您也很慈悲，好會處理事情喔！」

這時，在一旁等著要提款的法師，看到兩位小姐手上都掛著念珠，於是慈藹地說道：「你們都是人間的活菩薩。」

凡事對人有益的，雖然只是舉手之勞，若是樂意去做，自然心生歡喜，為生活創造歡樂。因為每一個人都可以做菩薩，菩薩不只是泥塑、木雕的佛像，菩薩是活生生的，是為人服務、為人奉獻的！

宇宙寺

佛光山開山初期，公路局第三工程處的處長倪思曾先生上佛光山旅遊。那時候朝山會館還沒有建設好，各處的工程也都還在進行中，我們就在佛學院的齋堂裡，以簡單的飯菜招待處長。

吃過飯以後，倪處長表示要添油香，我連忙說不必。但是他於心難安，總覺得到寺院裡用齋，應該要添油香才是。最後，我只有說：「處長，假如你一定要添油香，那就不妨添個大油香吧！」

他一聽，不是很明白，我趕緊加以說明：「處長，從鳳屏公路的磚仔窯到佛光山，沿路都是泥土路，如果你能將它鋪上柏油，未來交通便利，對地方建設也是一大貢獻，那就是最大的油香了。」

他聽了立刻就說：「做得到、做得到！我們第三工程處就是要為這許多地方服務的。我現在才知道，你不只忙於佛光山的建築，還要照顧大眾的交通，原來你的道場不只限於佛光山，宇宙也是你的道場啊！」

就這樣，在倪處長的發心下，道路整修完成，路面變得更寬廣，交通也變得更為便利了。

在這個世間上，沒有一個人能夠單獨存在，彼此都有相互的關係。如果沒有農夫種稻，我們怎麼會有飯吃？如果沒有工人織布，我們怎麼會有衣服穿？如果沒有商人販賣，我們怎麼購買日用？假如沒有別人，我們怎麼能夠生活？所以，人與人之間是相互助成的，凡事當以大眾的需要為念，而不是只有想一人一事。

一個銀元

有一位年輕的婦女，丈夫被冤枉而坐牢，老母親又臥病在床，家裡已經窮到連半粒米都不得辦法下鍋，三個年幼的小孩天天吵著要吃飯。面對窮途末路，婦人逼不得已，只得拿出家裡僅有的一點東西去典當，預備抓藥給老母親吃，買米給孩子吃。

只是事情並不是那麼順利，當她到當鋪裡當了一塊銀元後，就去藥鋪買藥。藥一買好，正要付錢的時候，老闆說：「這一塊錢是假的。」她一聽簡直悲痛欲絕，心想：牢獄裡的丈夫沒有辦法去救，重病在床的老母親無法醫治，小兒小女嗷嗷待哺不得飯吃，怎麼辦呢？

走投無路的她，想著自己實在沒有辦法再活下去了，於是走到一條河邊準備投河自殺。正當她跳到水裡的時候，剛巧一個阿兵哥路過發現，立刻跳下水把她救了起來。

年輕的婦女被救起來以後，心情很激動，不斷地叫喊：「你

不要救我，我已經活不下去了！」在士兵的勸說下，她把自己不幸的遭遇說了一遍。士兵聽了也很同情，就說：「這樣好了，你把那一塊假銀元給我，免得再去害人，我另外給你一個吧！本來我是預備上街買東西的，現在我也不買了。」

士兵回到營房後，不久就隨著部隊到前方去作戰，槍林彈雨中，竟然有一顆子彈打中了他的胸膛，「鐺」一聲，正巧就打在這塊銀元上。銀元都打得凹陷了，但他皮肉未傷，這真是教他既驚訝又歡喜，「不要說這是一塊假銀元，縱使一百塊、一千塊、一萬塊也不止這個價值，因為它救了我的一條命啊！」

一個人做好事，冥冥中自有善因善果。像這位士兵，他救了無路可走的婦人，一塊假銀元則救了他的性命，假如沒有這一塊假銀元，後果必然是不堪設想了。因此，我們在這個世間上做人處事，隨手的功德、隨口的功德、隨心的功德不怕多，多多做功德、多多行善，自然會開花結果，得大利益。

護航

佛光山開山後，六年一任的住持職務，我一共擔任了三任。在這十八年的住持生活外，又兼佛教學院的院長。

在做院長的期間，有時寫文章到深夜，便起身巡視院區，發現有三兩位同學偷偷

在佛龕油燈的照明下開夜車，有的藏在樓梯角落寫功課，有的躲在大殿暗處拜佛。

佛學院的院規規定：夜晚十時「開大靜」以後必須就寢，老師為愛護學生的身體，維護學院的院規，常常煞風景地把他們趕回去睡覺。我看著他們，回想過去自己不也經常如此，不禁啞然失笑，真是自古皆然，哪個學生沒有開過夜車？深恐巡寮的老師會干擾他們，為了讓他們順利「開夜車」，我就在佛殿的外面跑香，為他們護航。偶爾也將信徒結緣的餅乾、水果與他們分享，深怕他們心有掛礙，我說：「大家慢慢吃，保重身體！」幾次下來，學生便不再開夜車了。

身為一個教育者，對於學生所言所行要懂得深觀因緣本末，不應全是責備、反對、否定，以維護孩子的尊嚴、考慮孩子的立場為要。多給學生一些方便，學生反而感念你萬分，願意跟你合作，盡心做到讓你滿意為止。如同我替這些開夜車的學生護航，不也能收到很大的效果嗎？

禪門裡，許多祖師的教育法值得我們來學習：仙崖禪師對夜遊沙彌，不以喝斥責罵，反以慰問體恤的言語與心情教育；良寬禪師對外甥的放蕩，不指責他的過錯，只以人生無常的道理教導；金代禪師對弟子的過失不以為怒，反而說不是為了生氣才種蘭花。禪門祖師的教育，處處包藏著智慧與寬容，為人師者，應將每一個學生都當成是寶貝，都是大器，予以善加雕琢，給予愛護，也是一種慈悲的教育。

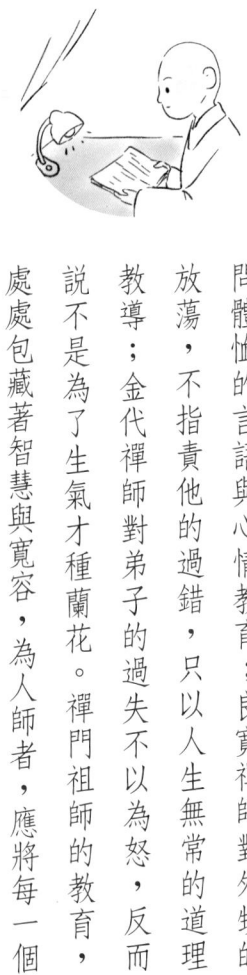

上岸要錢

話說有一個大富翁平時非常慳吝，不肯做好事，正所謂「拔一毛而利天下，不為也」。有一天，他不小心失足落水，隨著河水漂流，載浮載沉。在水中，他拚命地大喊：「救命啊！救命啊！」卻沒有人願意下水營救。或許因為他平日為富不仁，不結善緣，所以岸上的人全都袖手旁觀，只站在原地交頭接耳談論著。

大富翁眼見自己的處境愈來愈危險，卻沒有人要救他，想到重賞之下必有勇夫，趕快就喊：「你們哪一個人要是救了我，我給他五百兩銀子！」有的人聽到會有五百兩賞金，「撲通」一聲，立刻就跳下水去，把富翁救上岸來。

沒想到，大富翁獲救之後，怎麼樣都不肯給這五百兩銀子，只肯給五十兩，還堅持說是大家聽錯他的話了。搭救他的人當然很生氣，語帶諷刺地罵

道：「你這個人，真是落水就要命，上岸就要錢！」

確實是的，落水要命，上岸要錢，這是眾人所不齒的。因此，人在世間做人處事，平時要廣結善緣，一旦你有了困難，就算不求助於人，人家也會來幫助你，可千萬不要等到緊要時刻，才想到求人幫助，那就已經嫌太遲了。

縱觀這個社會，有的人遇到苦難，旁人卻置身事外，甚至幸災樂禍；有的人只要有一點困難，大家就紛紛前往慰問、鼓勵、幫助。世間的因果關係是公平的，就像「敬人者，人恆敬之」的道理一樣，你恭敬別人，別人也自然會尊敬你了。

平常待人，要留一點餘地給人，多積一點善因善緣，千萬不要像這位大富翁一樣慳貪不捨，到了落水，才來喊救命，甚至救上岸來，還不肯施捨，這就是執迷不悟了。人生在世，不要小看這小小的布施、小小的結緣，小善積多了，就成為大善。平時不燒香，到了臨時才來抱佛腳，那是沒有效用的；唯有多助人、多結緣，才是重要。

不做老闆做小工

一九五三年，我在宜蘭成立念佛會，開啟在宜蘭的弘法之路。那時候，有一些青年人跑來跟我說，想要跟隨我出家，剃度為僧。但是我當時連一個寺院都沒有，自忖無法盡到教育的責任，就婉言拒絕了。這其中，有兩個青年，一個叫做林秀蘭，一個叫做黃世樑，因為要出家沒能出成，後來就結為連理了。

一、二十年後，當他們得知我在高雄佛光山開山，就跑來找我。見了面，他們說：「當初您沒有讓我們出家，現在可否讓我們到佛光山來做個小工？」我一聽，就說：「你們不是在臺北開店嗎？為什麼放著大老闆不做，要跑到這裡來做小工呢？」

他們說：「做老闆，天天只想著要賺大錢，那不快樂；假如能到佛光山做義工，賺歡喜、賺快樂，才是重要。」聽了兩人的一席話，倒也讓我為他們能有這樣的觀念，感到相當的讚佩。

當然，我也告訴他們：「佛光山是寺院團體，在這裡修道，要早起、要素食，每天還要為大家服務，甚至掃地、倒茶……」夫妻倆聽了更是歡喜，都表示願意。就這樣，兩個人上了佛光山，一做就是二十年。

二十年間，他們從來沒有惹過是非，也沒有說過別人的閒話，甚至於還把家裡留給他們的財產，不時地用來布施結緣。有一次，我就問：「你們在這裡做義工，不拿薪水，而我也沒有特別給你們什麼錢財花用，為什麼你們還要拿錢來給我們呢？」他們都說：「給我們錢，我們也用不上；給您錢，您可以運用這些錢，到世界各地弘揚佛法、普度眾生，不是更有意義嗎？」

所謂「人各有志」，各人有各人的想法，像黃世樑夫婦，寧可不做老闆，也要到佛光山做義工，而且一做就是二十年。為什麼？就如同他們說的，做義工裡有歡喜，可以賺到歡喜財。

足見歡喜與快樂不一定是從金錢上獲得，從其他方面也可以得到更高的生命價值。

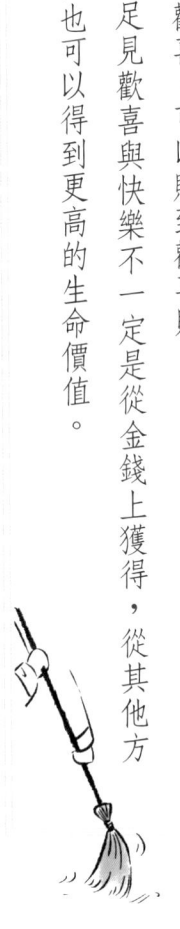

和愛島

佛光山不二門前有一個放生池，池子的中間有一座小島，供奉了一尊觀世音菩薩，還立了一塊碑，碑上寫了「和愛島」三個字，有和平慈愛的意思。

觀音放生池是紀念高雄一位老太太，人稱「愛姑」的優婆夷「微和」。她不但生前熱心贊助放生池的工程，臨終時將全部遺產三萬元悉數捐出，作為興建放生池之用。為了感謝她，就將小島取名「和愛島」，作為紀念。

「和愛」二字很有意思，但是我常常掛念，大家來到放生池，只看到池裡的魚，甚至看到觀音菩薩聖像，卻沒有看到「和愛」，不能把「和愛」烙印在心坎裡，實在是很遺憾。

所謂「以和為貴」，一個家庭能和，則子孫萬事順遂；一個公司能和，則事業一帆風順；一個社會能和，則生活美好富足；整個世界能和，則人民安居樂業。

有了和，還要有愛，才能過一個有情有義的人間生活，但是「愛」，要愛得合法、愛得得體。佛教主張用智慧來領導感情，用慈悲來昇華感情，讓愛不自私、不占有、不盲目，將愛擴及到人群裡，成為服務奉獻的發心。

《法句經》說：「一切為天下，建立大慈意，修仁安眾生，是為最吉祥。」「和愛」是慈悲的表現，心心念念都是先為別人著想，行事以人我融洽和諧為考量。它能帶給人間無限的暖意，帶給人類無限的啓發，希望大家都可以成為和愛之人，共同擁抱生命的和平慈愛。

王小弟買字

我這一生有很多的缺點，不會外文，不會梵唄唱誦，也沒有練過毛筆字，但是現在卻常有信徒要我寫字送他作紀念。自忖字雖寫不好，但是人情很可貴，為了給大家歡喜，也就不揣淺陋提筆結緣了。就這樣，索字的人便愈來愈多。

曾有一段時期，佛光山一連舉辦數場「佛光緣書畫義賣」活動，得款悉數捐給佛光大學作為建校基金，徒眾把我寫的毛筆字也一起拿去義賣。會場上，這些字的喊價，從一百萬元、兩百萬元到六百萬元不等，價值愈來愈高。很慚愧！

六百萬元買四個字？在我看來是連六毛錢都不值得，但是信徒的盛情，實在是很寶貴。

有一次，在佛光山臺北道場舉辦的「佛光緣書畫義賣會」上，信徒熱烈地響應競標，高喊著十萬、二十萬、五十萬，就在標到一百萬的時候，忽然聽到一個小孩子的聲音，他說：「一百塊！」

聽到這個音聲，覺得很動

人，我立刻就拜託主持人將這幅字賣給了王小弟。我說：「一百萬不賣了，一百塊賣給這位王小弟吧！」當王小弟握著一百塊錢滿心歡喜地到前臺換字的時候，他的父親在一旁看了不禁感動落淚，與會大眾也隨即響起熱烈的掌聲。當下我覺得，眾人的掌聲、父親的眼淚豈止是值一百萬元？那是比什麼都更高貴、更有價值啊！

我常說「感動的世界最美麗」、「感動的世界最有價值」，人不一定要完全從金錢上去衡量事物的價值，心意的表現如何才是最高的價值標準。就像我的字，哪裡值錢呢？大家會喜歡，都是因為他們願意打從心底去欣賞它另一方面的價值。

在關鍵的一刻，所表達出來的善心美意，就算只是一點一滴，也都是無邊的法界。王小弟的一百塊，可說是比一百萬還更有價值了！

來意不誠

中國的四大名山，每年朝山的香客如雲湧至，尤其是南海普陀山觀世音菩薩的道場，更是香火鼎盛。

有一位善士，帶著七歲的兒子前往普陀山朝拜，一路上，還找了人抬著一對一兩百斤重的大蠟燭上山。只是，到了普陀山之

後，由於佛殿裡，每天去燒香、點燭、供花的信眾如織，所以，這對大蠟燭才點燃不久，香燈師父就把它熄滅，朝旁邊放去，以便其他等待點燭的人，也都能很快地使用到燭臺。

這位善士看在眼裡，心裡很不高興，就生氣地說：「喂！我這對大蠟燭，可以點上幾天幾夜，為什麼才點燃一會兒，你就把它熄掉了？」因為深不以為然，心中悶悶不樂的善士，旋即就帶著兒子下山離去了。

途中，小男孩突然生了急病，沒多久就死了。面對兒子的死亡，做父親的強忍著悲痛，買了一口小棺材為他入殮，並且雇了一艘船運送棺木回家。

經過幾個時日，善士終於抵達家門。只是，奇怪的事情卻在這一刻發生了。他看到已經亡故的兒子，竟然從屋內跑出來相迎，高喊著：「爸爸！您回來了！」他一聽，驚恐莫名，心想：兒子不是已經死去了，怎麼會在這裡呢？接著兒子就說：「爸爸，廟裡人好多，我在人群中和您失散了，還好有一個慈祥的老婆婆帶我回到家裡。」

聽了孩子的這一番話，讓他更為不解了。為了解開這個疑團，於是他把那口棺材打開來看。一看！裡頭躺著的竟然不是兒子，而是那對幾百斤重的大蠟燭，燭身上面還寫著「來意不誠，退回原處」八個字。這位善士方才知道，原來一切都是觀世音菩薩慈悲，要度化他的愚痴無明啊！頓時間，他感到萬分慚愧。

有一些人到寺廟裡拜佛，常常計較說：「這是我要供的香、這是我要供的花、這是我要供養的錢、這是我要做的功德，請你們務必要怎麼替我處理……」事實上，不必去計較形相上的獻花、上香、供果、點燭，佛菩薩並不要我們的花、香、燈、果啊！所謂「心到神知」，心意到了最重要。有一句話說：「真施主不怕沒有功德。」信仰佛教的人，應該作如是觀。只要至誠懇切地以心香一瓣供養諸佛，必能蒙佛加被，功德無量。

討債鬼

有一個富翁生了三個兒子，大兒子最討他歡喜，因此，所有的好東西他都給了大兒子，就連黃金這麼珍貴的財產，也都是成塊、成塊地交給這個兒子，還喚他為「黃金子」。二兒子雖然沒有大兒子的聰明，但也頗得富翁的歡喜，因此，許多東西富翁也會送給二兒子，並且喚他為「白銀子」。有了兩個黃金、白銀的兒子，富翁應該是稱心如意了才對，偏偏最小的兒子經常把家裡吃的、用的東西拿去布施給人，讓他很不歡喜，所以就稱呼三兒子為「討債鬼」。

日復一日，三個兄弟接受著父親給予的不同待遇。漸漸地，大富翁年紀也大了，生了重病，需要有人侍候，想到平時待「黃金子」不薄，就先叫了他。沒想到，大兒子卻說：「爸爸，不行啊！我每天忙於事業，沒有時間來侍候您啊！」

富翁便轉而對二兒子「白銀子」說：「我平常待你也很好，你來侍候我吧！」二兒子卻說：「爸爸，我每天忙於應酬，參加各種會議，要做種種聯繫，不能常常來侍候您啊！」

富翁聽後，心裡很無奈，不得辦法就找了三兒子「討債鬼」。三兒子一聽，立刻就說：「爸爸，您有病在身，我們做兒子的侍候您是理所當然的啊！我的朋友們，他們也會來探望您的。」

果然，富翁重病期中，由於三兒子「討債鬼」過去在外頭廣結善緣，所以每天都有川流不息的訪客探望，有時候是市場裡的菜販子送菜來給他吃，有時候是醫生自動來替他看病，或者是護士主動跑來照顧，他們各個都說：「我過去受到您三兒子很多的幫助。」

這時候，富翁才覺悟到：「原來老三不是討債鬼，是真正的孝子，他是在替我廣結善緣啊！由於過去老三結下的因緣，我才能有這許多善的果報。」

由此可知，見家中有人布施結緣，親友先不要怪罪，應該隨喜讚歎，這必定是對每個人的未來都會有利益的。

四獸供養

《六度集經》中，記載一則佛陀在過去世行菩薩道的故事：

有一個梵志，獨自一人在清淨的山林中修行，他不貪世俗榮華富貴，終日以茅草為屋，以蓬蒿為席，以泉水野果為食。他高尚的德行教世人敬仰，即便國王有意聘他為宰相，他仍以修道為志向，辭謝國王的美意。就這樣在山林裡幾十年，連野獸都來歸附、供養、聽法。然而，時日久了，山中的野果窮盡，梵志決定離開這裡，到野果豐盛的地方去。

為此，常與他相處的四隻野獸十分擔憂：「即使有一國榮華之士，也像是滿海的髒水，不如一升甘露。梵志走後，我們就無法聽經聞法了，大家一定要盡力去找食物，供養梵志，懇請他留下來啊！」

於是猴子採集野果，狐狸變作人形，得到一袋炒麵，水獺抓到一條大魚。兔子想，我有什麼可以供養梵志的呢？

在梵志面前，猴子、狐狸、水獺將自己覓得的食物交給梵志：「這些足以用上一個月的時間。」唯有兔子找了許多乾柴，取火點燃，等到乾柴燃起熊熊烈火時，牠向梵志禮拜，說：「我實在沒有東西供養您，只有這麼一個小小的身體，但也可以作為一日的糧食！」說罷，便縱身撲向烈火……梵志見到此情此景，萬分感慨。剎時，兔子在火焰中化為一尊菩薩，緩緩升起。

兔子為了求法，為了成就善事，不惜軀命，這一念供養心，教人動容。

人世間也處處可見為大眾不惜身命的人，像是在災區奮力搶救生命的救難人員，在火場出入的消防人員，在戰場捍衛國土的三軍將士，為自然生態奔走的保育人士等，都是慈悲的人間菩薩！

所謂「諸供養中，法供養第一」，諸供養中，以生命供養亦是第一。我們如果有將生命供養十方眾生的願心，那真是功德無量了。

財神的故事

在民間，農曆正月初五是「財神日」，像一般稱作「天公」的玉皇大帝（即佛教的帝釋天），或者稱「恩主公」的關聖帝君等等，都是財神。甚至說，凡是具有大威德力、能幫助人的神明，哪一個不是財神呢？

佛經裡有一則譬喻說，財神是

一個美麗的女郎，家家戶戶都很歡迎她來到家裡。但是不要以為只有財神隻身前來，她後面還緊跟著一個瘦黑的女子，那是她的妹妹，是一個窮鬼。有時候，窮鬼跟隨財神進門，總是會讓人們的財富花得一文不剩。

有一個生意失敗、傾家蕩產的商人，到廟裡祈求財神賜福。商人誠心祈求了三年，從沒有間斷，終於感動了財神。有一天晚上，他在睡夢中聽到敲門聲，開門一看，發現竟然是美麗的財神，立刻將她迎接進門，並且準備了豐盛的菜肴供養。突然間，又有人敲門，開門一看，卻是個其貌不揚的瘦黑女子。窮商人沒好氣地問：「你是誰？我現在沒空，請你走吧！」黑女人說：「財神是我的姐姐，我們從來沒有離開過彼此；她賜福給人，而我隨即跟著來化財。」

所以，要想求財神讓我們發財富貴，就得要保護我們的財富不被窮鬼花用。什麼叫做「窮鬼」呢？舉凡為富不仁、慳貪不捨、需索無度、奢侈浪費，會將財富耗盡者，都是「窮鬼」。

中國農曆過年時，家家戶戶都會「拜天公」，祈求財神多多關照。不過，在佛教裡，不說「拜天公」，而稱「供佛齋天」。所謂「齋天」，就是宴請這許多天神、天將、善神、護法神明吃飯，與他們結個好緣。如同一般家庭請客，如果你能夠請來長官到家裡吃飯，不但自己很光彩，也會多了助緣。

無論是請求財神給我們助力，或者是請求別人給我們幫忙，最重要的還是自己要先幫忙自己；自我健全，才能得到他人給予的幫助。如何自我健全呢？比方逢年過節，做一些施捨的好事，或者在家中看看書、拜拜佛。佛教不講究以吃喝玩樂的方式來歡慶新春，不但浪費金錢，也有損健康，不如趁著年節，節省一些花費，就能發財；不任意花用，就能發財。所以，財神原來不是別人，而是自己啊！

佛光茶

盛唐時，禪門僧侶飲茶成風，到了宋代更演變成為叢林的制度，甚至日僧最澄、空海、榮西大師到中國求法，也將禪林飲茶的方法引進日本。

禪門中有所謂的「趙州茶」，這是指什麼呢？原來是過去有學人來參訪趙州禪師，一見面禪師就問：「曾到此間麼？」

學人回答：「曾到。」

禪師說：「吃茶去。」

不久，又來一個學人，禪師就問：「曾到此間麼？」

學人回答：「未曾到。」

禪師還是說：「吃茶去。」

一句「吃茶去」就是趙州傳道最好的話語，吃茶的人多了，趙州的禪法也就隨著廣布。

我想，佛光山是大眾群策群力共同成就的，我應該如何感謝大家呢？幾番思量後，我決定在大雄寶殿東單的東禪樓一樓，以及靠近接引大佛的龍亭裡，設置「佛光茶」，平時有專人供應茶水，以供十方大眾飲用。多年來，「佛光茶」不但為萬千信徒稱道，乃至韓國性愚法師也在《茶與禪》中推薦佛光山的「佛光茶」。

一杯「佛光茶」，有著眾多信徒的發心；一杯「佛光茶」，傳達了我們對十方大眾的感謝；一杯「佛光茶」，含藏著濃濃的人情味；一杯「佛光茶」，更代表了佛祖的心意。希望這一點心意，能夠傳遞給每一個人，讓人人心中都有暖意，都有佛。

貧女一燈

有一個小女孩，家裡非常貧窮，三餐難以為繼。有一天，她經過一間寺院，看到寺院裡有很多人在拜佛、供齋、點燈，心裡就想：唉！真慚愧，自己實在沒有力量，要是有錢的話，就能在佛前點上一盞燈了。

帶著這樣的渴望，貧女失落地回

家去了。途中，她經過一座橋，橋下涓涓的細流，倒映出她的影子。貧女從水面上看到自己的一頭黑髮時，忽然心生一念：有了！把頭髮剪下來，拿去賣錢，買了油就可以點燈了！

當貧女再度來到寺院的時候，她以最虔誠的心，在佛前點了一盞油燈。但是一盞小小的油燈，在滿室光明燦爛的油燈前，顯得特別簡陋，一位家財萬貫的大施主看了，不禁責罵道：「這一盞粗陋的油燈是誰點的？怎麼可以供在佛前，破壞這麼莊嚴的氣氛呢？」

知客師聽到大施主責怪的言辭，就說了：「大施主！你不可以責怪這盞燈的主人！這是貧窮的女施主阿照變賣自己的頭髮，以賣髮所得供養的一盞油燈，她是以全副身心來供養這盞燈的啊！」

當知客師講完這些話的時候，忽然颳起一陣大風，把這位大施主所供養的幾百盞燈，統統都吹熄了。在一片漆黑當中，只有貧女阿照的那一盞燈，仍然大放光明。

看到這個情景，大施主非常感動，就對阿照說：「你有什麼心願？我很有錢，能夠幫助你完成願望。」沒想到，阿照卻淡淡地說：「我只想學佛修行！」大施主一聽，就說：「好！那我就發心為你建造一間庵堂吧！」

某天，在一個大風雪的夜晚，阿照仍然像平常一樣，在庵堂裡精進修行，忽然間，一陣碰撞聲響起。阿照開門一看，竟是一個老人倒臥在門口，好心的阿照一個箭步上前將他救起。進到屋內後，阿照以溫暖的茶飯侍候，悉心照料，很快地，被凍得奄奄一息的老人就甦醒過來了。

由於阿照的好心，後來才發現，原來這個老人不是別人，正是她自幼就失散的父親。從此，父女終於團圓了。

所謂「布施」，一毛錢不一定是少，萬萬千千也不一定是多，一切都要視你的發心如何，只要真心誠意，不可思議的善因好緣就會跟隨而來。如同貧女一燈，其功德之大，就是再大的風，也都無法吹熄。

化冬

在大陸叢林裡，每當春節將至，寺院僧眾便開始拜訪信徒，挨家挨戶地把吉祥話及平安符送到信徒家中，信徒則回以一碗米，稱為「化冬」，也就是「化緣」。

記得在叢林參學時期，家師常囑咐我代表常住出去「化冬」，為方圓幾百里的信徒發送對聯，講一些吉祥的好話，或者給信徒一點佛法。當他們高興地將米糧放在我的擔子裡時，我深深體會到：化緣，不一定要化錢。

化緣要化對方的心，要能夠感動對方，不是強迫別人做不

樂之捐，而是化得一份歡喜，一個善緣。化緣，這個「緣」字很美。人生存在這個世界上，靠的就是一個緣，宇宙萬有的存在，也是靠一個緣。例如我們所住的房子，如果沒有木材、水泥、磚瓦這種種因緣條件的結合，如何能有房子的產生？人，如果沒有皮肉、骨頭、毛髮、五臟六腑等器官組織，就不能成人。在世間生存，要讀報紙，要看電視，更要士農工商供應日常生活所需。因此，佛教相當強調結緣的重要。

化緣，應該是歡喜的、平等的、互動的，別人給我，我也要給人。信徒以錢財與法師結緣，法師以佛法跟信徒結緣，財法二施要平等，不

可以有來無去，或者有去無來。從化緣當中，與人結緣，與人交心、交流，是一件極其神聖、善美的事。

可惜的是，現在卻遭到許多人誤解、濫用，使得這項在佛教流傳千年的善美制度，頻生弊端，只是一味向信徒勸募，或者沿街乞討，反倒忽略了信徒內心的需要、感受，以及經濟的狀況。化緣要化心，廣結善緣，給一份歡喜，將人心導入正道，才是化緣的真正意義。

傳燈老人

一九九五年，天下文化出版公司請符芝瑛小姐為我寫了一本傳記，叫做《傳燈》。出版之後，不到半年，就已經銷售二十萬冊以上，據說在金石堂書局的銷售排行榜中，連續十個月的排行都高居首位。

這期中，有一位蕭松枝老居士，他對這本書的護持，讓我很受感動。蕭先生過去曾擔任多間郵局的局長，因作風清廉，杜絕貪腐有功，而蒙總統多次召見。他從宜蘭羅東郵局退休後，就一直長住在羅東。

《傳燈》出版之後，無論天氣陰晴，他天天到書店購買一、二本，送給親朋好友。如此一次買、二次買……買久了，書店的店員遠遠地看到他來，都高喊：「傳燈老人來了！」實在說，「傳燈老人」這個稱號，用在他的身上真是當之無愧，因為那時候他已經高齡八、九十歲了。

有人問他：「為什麼你這麼熱心地購買《傳燈》送人呢？」他

都說：「因為星雲大師要傳燈，雖然我懂的佛法不多，但是我知道，應該要將他的法燈接過來，分燈給更多的人，讓這個社會更加光明。」

所謂「傳燈」，意思就是一燈傳百燈、百燈傳千燈、千燈傳萬燈，燈燈相傳，燈燈無盡。例如，佛陀傳法給大迦葉，大迦葉之後，代代相傳，就傳到了二十八祖達摩祖師。後來，達摩祖師東來中國，又傳給二祖慧可、三祖僧璨、四祖道信、五祖弘忍、六祖惠能……如此燈燈相續。

其實，人人也都可以傳燈，例如：父母傳財產給子女，師傳傳技術給弟子，甚至不一定是傳遺產、傳技術、傳知識，還可以傳信仰的燈、傳道德的燈、傳慈悲的燈、傳智慧的燈。

傳燈是傳一個歷史，傳燈是傳一個美好的內涵。今日的社會，為人父母關心兒女，就要多將一些美好的觀念傳給兒女；為人師表教育學生，就要將一些美好的理念傳給學生；做為社會大眾中的一分子，就要將好人好事不斷地發揚出去。甚至於傳頌一句好話，將佛陀說、耶穌說、孔子說、孟子說傳揚開來，也都是傳燈。讓我們大家一起把好因好緣傳播下去，人人都做「傳燈老人」吧！

燈供養

佛教十種供養中有「燈供養」，即點燈供佛，以表示虔誠地恭敬供養。雖為供養，但不可浪費，也不一定只限於蠟燭，電燈、油燈都可以算作燈供養。只要一心虔敬，諸佛菩薩必定感受得到我們光明、清淨的心地；一盞心燈，便足以讓眾生與佛菩薩心燈相映，光光相攝了。

儘管如此，仍有許多信徒買了很多的紙箔，在諸佛菩薩座前燒化，以此表達對諸佛菩薩的敬意與誠心。

有一個法師看到這種現象，不禁啼笑皆非，為糾正這些人信仰的不健全，他喊來一個小孩子，然後從燒紙箔的信徒手中，拿過一疊紙箔，遞給小孩子，叫他拿去買糖吃，小孩子苦笑著說：「這種紙沒有用，不是錢，怎麼可以買糖吃呢？」法師轉身對信徒說：「這些紙箔小孩子都不要，諸佛菩薩要它做什

麼？」

供養之尊貴，在於心念的清淨誠懇，不在物質、形相上琢磨。貧困之中，一錢一衣都是無上供養。

有人說，中國所以窮困的原因，就是窮在「三把火」上，第一把是炮火，第二把是香菸的火，第三把就是燒紙箔的火了。不但佛教不贊同燒紙箔的風氣，有識之士與社會上的輿論也指出，紙箔是迷信的工具，因此有待大家努力破除，將燒紙箔的錢用在具有意義的教育文化或救之事急，則功德無量。

小兒施土

有一次，佛陀和阿難入舍衛城托缽乞食，看到一群兒童在路邊玩耍嬉戲，以泥沙建造宮殿、倉庫，及儲藏在倉庫內的財寶、五穀。

這時候，有一個小孩遠遠地看見佛陀緩緩走來，布施心油然生起，立刻從倉庫中取出一把穀物，準備供養給佛陀。但是由於他的身形矮小，不及佛陀的高大，便拜託另外一個小孩，說：「讓我站在你的肩膀上，好將穀物奉獻給佛陀。」那個小孩一聽，歡喜地說：「好啊！」就這樣，他得以順利將穀物供養給佛陀。

當時，佛陀伸出雙手，歡喜接受供養，這一幕看在阿難的眼裡，心裡很是不解：為什麼佛陀要接受泥沙做成的穀物呢？回到了精舍，阿難請問佛陀：「佛陀，為什麼您要接受以沙土做成的穀物呢？」佛陀就說了：「阿難，這個小孩的布施是沒有分別

心的，不可以輕視！他以泥沙供養我，在我涅槃後的一百年間，將會得到做大國王的福報，名叫阿育，而另外一個兒童，也將做侍臣來擁護他。未來他們將領導這個人世間所有的國土，興隆三寶，遍布我的舍利，並且啟建八萬四千塔。」

所謂「心田事不同，功德分勝劣」，你捐獻一百萬元，只是希望在牆上鐫刻自己的名字，而他捐獻一個麵包，是希望所有吃到的人都能感到歡喜，功德可說勝過一百萬元的布施。在事相上，一百萬元和一個麵包雖有差別，但是因為發心不同，功德也就有大小之分了。

救媳婦

臺北有一位醫生，受邀請到英國倫敦參加一個醫學會議，他買好了機票，要先到香港轉機，航空公司都安排好了機位，結果時間到了卻沒有去搭飛機，在桃園機場等著送行的朋友覺得奇怪，打電話也查不到人，為什麼呢？

原來他在去機場的路上遇到一起車禍，一位少女受傷流血，情況危急，他善心一動，也顧不得趕飛機了，立刻下車對那位少女施救，又親自把少女送到醫院做縫合手術，這一耽擱，飛機當然趕不上了，只好重新安排，等他抵達倫敦的時候，那個醫學會議已經進行了一半。

開完會，他垂頭喪氣地回到臺灣，他兒子卻帶著那個少女在機場接他，跟他說：「爸爸，謝謝您挽救了我們的婚事。」

原來那個少女就是他兒子的女朋友，他兒子追求了一年多，女方父親一直不同意，說什麼都不准女兒嫁給醫生

的兒子，因為女兒的媽媽是被一個庸醫醫死的，所以恨透了醫生。想不到女兒出了車禍，生死一瞬間，卻又被醫生救活過來，僥倖沒有成為殘廢，而這個醫生恩人，偏偏又是女兒男友的父親，這一來，他就不好意思再反對下去，終於成全了這一對小兒女的婚事。這位醫生知道這一番前因後果以後，不禁驚歎：「我當初只想到要把那個受傷的少女救活，沒想到反而救了自己的媳婦，真是老天有眼！」

人倘若心懷成見，可能就會錯失一段良緣。世間的因緣很美妙，時時心懷慈悲，熱心助人，把溫馨飄香人間，美好的因緣也能開花結果。

貴賤無差

山西五臺山的大孚靈鷲寺，每年初都會舉辦一場不分賢聖道俗、貴賤老幼，平等行財施、法施的無遮會。

相傳，有一年靈鷲寺舉辦無遮會時，大清早有位貧困女子從南方前來赴集，她手抱兩個幼兒，一犬在後。由於身無分文，只好剪髮聊表布施之意。貧女顧不及大眾，對寺院住持說：「可不可以先分給我食用？我還有急事要到別處去。」

住持於是命人備辦三份飲食，施於貧女。

接下飲食，貧女邊指著狗說：「也得給牠吃點東西才行！」

住持勉強的又給了一些食物，沒想到貧女卻說：「我腹中懷著的小兒，也需要一份食物。」

這時，住持憤然喝斥：「你來寺院乞求僧食，卻毫無厭足。肚裡的小孩又還沒出生，為什麼也需要進食？你根本就是貪心，還不快走。」

貧女被住持這麼一喝

斥，當下騰空離地，躍入虛空，剎時化作文殊菩薩，隨後的狗子也化作青毛獅子，二子化作善財及于闐王，天空頓然五色雲氣瀰漫。文殊菩薩留下「苦瓠連根苦，甜瓜徹蒂甜，是吾起三界，卻彼阿師嫌」一偈，遂隱身不見，在場僧信二眾無不驚歎連連。從此以後，這位住持視貧富無二、貴賤等觀，更於文殊菩薩乘雲而起的地方，建塔供養菩薩布施之髮，以為警誡與紀念。

無相、無念、無分別的布施心，便是功德；不能發自內心歡喜的布施，縱有善行，功德也會有所缺漏。《維摩經》說：「若施主等心，施一最下乞人，猶如如來福田之相，無所分別，等于大悲，不求果報，是則名曰具足法施。」文殊的示現是告訴行布施者，心無怨親揀擇，自有一雙平等手，廣施有情，一切善法功德才能圓滿具足。

施與受

貧與富，不能只由一個人擁有的財產來論定，有時表現在學問上，有時表現在道德上，有時表現在慈悲上，有時是在觀念上。

話說，閻羅王在地獄裡忙著審判各方孤魂野鬼的去處。此起彼落的拍案聲，真是幾家歡樂幾家愁。生前行善便生往天界享受歡樂，多行不義者就墮落三途惡道受大熱大寒，和刀山火鍋的痛苦，即使親如父母夫妻也無法替代。

忙了一天的閻羅王，終於只剩下最後一件案子。他驚堂木一拍，指著兩個鬼魂說：「你們兩個到人間投胎做兄弟。做哥哥的，專門布施給人；做弟弟的，專門接受施捨。你們哪一個人願意做哥哥？哪一個願意做弟弟？」有一個鬼魂說：「我願意做施捨一切的大哥。」另一個則表示，願做弟弟，只要接受就好了。他們到人間投胎後，大哥成為一個大富翁，到處布施行善，所謂捨得、捨得，他愈捨愈得，因此愈加富貴榮華。小弟慳吝不肯捨得結緣，因而貧窮潦倒，淪為討飯的乞丐，到處接受別人的施捨。

「富翁」與「乞丐」比喻著，富貴與貧窮取決於願意「施捨」，或只願意「接受」。

世間上，誰是窮人？誰是富人？不一定從財產、社會地位來衡量。有的人雖不富有，但樂於給人、助人、讚歎人；有的人雖然家財萬貫，卻慳吝不捨，財產再多也覺得不夠。所以「施捨」與「接受」，孰貧？孰富？

給人的心靈是雍容華貴的，等著人家施予的人，不只是心理的貧窮，而且是個精神的殘障者。有人說，二十一新世紀，精神憂鬱的疾病將成為人類心靈致命的殺手，我覺得心理的病根不外乎就是貪瞋愚痴，也就是不肯給人的心靈貧窮。

貧富的標準究竟為何？就在我們的心中。心中有滿足，心中有感恩，心中有樂善，就是富貴的人。事事不滿足，想到的就是個人利益，自私自利，不懂付出，不顧公理正義，那就是世界上最貧窮的人了。其實，我們的心裡都同時住著那兩個兄弟，究竟要成為給予的富人或是接受的窮人，就看我們願意施，還是願意受了。

國王行賄

過去有一對孤兒寡母，家徒四壁，一無所有。不過，縱使家境貧困，母子兩人卻不以為苦，他們以佛法作為精神的食糧，在朝暮課誦、研讀佛經中，獲得許多法喜。

在他們生活的國家裡，有一位無視人民困苦，成天沉迷於酒色玩樂的國王，每天雖然荒淫無度，但是隨著歲月的推移，看著自己逐漸蒼老的面孔，國王也感受到死亡即將降臨，內心不由得膽怯起來。

某天夜裡，死亡的恐懼再度浮現，擾得他徹夜難眠。一心只想擺脫死亡恐懼的國王，突發奇想：我今生做盡壞事，不問百姓疾苦，死後必定墮入地獄，何不趁著有限的生命，先聚集全國的金銀珠寶，日後用來賄賂閻羅王，必定可以免去罪業。

隔日，國王就命大臣在全國各地搜刮錢財，並且下令：「上自王宮貴族，下至販夫走卒，舉凡私藏一文一錢者，就處以死刑。」就這樣，經過了三年，舉國上下都已經一貧如洗，但是國王仍嫌不足，又謊稱只要有人拿出一分一毫，就將公主許配給他。

這對母子早就不滿國王的惡行，兒子為了藉這個時機進諫，便告訴母親：「父親往生時，我們拿了一枚金幣讓他含在嘴裡，現在我將這枚金幣拿去貢獻給國王，母親您覺得如何？」母親聽後，點頭答應。於是，兒子拿著金幣就進宮去覲見國王了。

國王看到金幣，驚喜不已，急忙問：「你從哪裡得到這枚金幣的？」兒子回答：「這是我從先父嘴裡取出的，當時打算用來賄賂閻羅王，但今日聽聞國王將以

『駙馬』之位來換取錢財，因此費了好大的力氣，才從墳墓裡挖掘出來呈獻給您。」

國王又問：「你父親往生多久了？」

「十一年了。」兒子回答道。

「難道你不用再賄賂閻羅王了嗎？」國王疑惑地問。

兒子見時機成熟，就說：「佛經裡說，善惡有報，禍福如影隨形。國王您相信嗎？」國王點頭稱是。「這麼說來，個人所作所為，必然是要自己擔當，花錢賄賂閻羅王，又有什麼用呢？」見國王聽後神情落寞，兒子接著又說：「不過，國王啊！您今生得以為王，就是因為前世行善積德的果報，往後，您又以仁心仁德治國，相信來生一定還能再做國王的。」

兒子的一席話，聽得國王非常歡喜，從此便開始施行仁政，先是下令大赦獄中的囚犯，並且退還搜刮而來的錢財，最終獲得了人民的愛戴與擁護。

所謂「各人吃飯各人飽，各人生死各人了」，一個人的因果業報，誰也替你不了，在生的時候，不肯好好行善，要想求得善終，又談何容易呢？因此，人生在世，不必計較壽命的長短，重要的是把握現有的生命，做更多有意義的事情，提升生命的價值，以改變自己未來的命運。

建屋與賣屋

我們每日汲汲營營於工作賺錢之餘，是否思考過：活著究竟是為了誰？為了什麼？又該如何為自己規劃？如何運用自己所擁有的呢？

有位富翁蓋了一棟新房子，落成以後宴請賓客共同慶賀。宴席中，富翁將所有參與建築的工程師、木工、瓦工、水泥工等，全請到中間的首席，卻讓他的兒女坐在下席。

親朋好友看在眼中，覺得富翁的想法很奇怪：「怎麼讓工人坐在上座，自己的孩子反而坐在下座呢？」富翁解釋道：

「大家有所不知，我這一棟大樓能建成，必須感謝在座這些木工、瓦工們，是他們為我建造。而我的兒女們將來如果不懂得珍惜，可能把我辛苦攢來的家產都敗光了。所以建造房子的人應該坐上座，賣房子的人坐下座。」

富翁說得真切，許多父母窮盡一生辛苦賺錢、購屋置產，勞碌一生。一旦百年撒手時，當初為兒為女用心經營，卻造成兄弟鬩牆，相互爭產、奪利，甚至反目成仇，或者家財散盡、淪為乞討者亦有所聞。臨了尚且不顧父母之情，只求一己之利，人生至此，真是嗚呼哀哉！

手中的財富必須懂得運用，才能發揮最大的價值；生命的財富必須懂得運用，才能活出精采的人生。有些人鎮日賺錢、存錢，卻不會用錢，也是枉然。就像擁有大廈良田卻不知運用，與其白白閒置，不如做一些文教事業、社會責任投資等，供諸十方之用，豈不更有意義？

也有些企業家將自己龐大的事業交棒給專業人才，期望能夠永續經營，謀取長遠的效益，造福社會更多的人群，而非徒留給子孫，這樣的觀念值得推崇、值得學習。

宰相肚

被大文豪蘇東坡讚譽為「才本王佐，學為帝師」的唐代進士陸贄，擔任德宗的宰相時，盡忠為國，勵精圖治，以天下事為己任，且勇於矯正君主的過失，對於奸佞朋黨的罪惡，更是敢於揭露。有一次，他誤信讒言，將太常博士李吉甫入罪，流放到明州出任長史。

不久後，陸贄得罪了弄臣戶部侍郎裴延齡，招來裴延齡的仇視，多次在德宗面前給予詆毀、挑撥，最終挑起了德宗的怒氣，把陸贄貶到忠州擔任刺史佐官。

後來，繼任的宰相想要加害陸贄，就利用陸贄和李吉甫兩人之間的嫌隙，刻意起用李吉甫為忠州刺史，讓他來報復陸贄。沒想到，李吉甫上任後，不但不計前嫌，沒有給陸贄難堪，還跟他把手言歡了。

因為李吉甫的寬宏大量，所以當地的百姓對他

都很敬重。而陸贄也因為深受感動，在擔任佐官的期間，極力獻策，協助李吉甫施行善政，將忠州治理得法。

俗話說：「宰相肚裡能撐船。」佛教裡也有句話說：「心包太虛，量周沙界。」一個人的成就如何，要看他的器量大小。人來到這個世間上，不只是為了吃飯睡覺，不只是為了金錢愛情，更不是為了要爭權奪利的。人生短短數十年，歸根究柢，是要擴大我們的心，一個人的心量有多大，事業就有多大，你能包容大家，大家就都是你的；你能包容世界，世界就都是你的；你能把虛空宇宙都包容在心中，也就能與虛空宇宙一樣廣大無垠了。

畫師作畫

過去有一群以繪畫為業的畫師，經常聚在一起切磋畫技。他們在繪畫藝術上都各有專精，有的善於描繪輪廓，但不精於塗抹顏色；有的善於上色，但不精於素描；有的長於畫身體，但不善於畫手腳；有的長於畫手足，但不善於畫五

官。然而，經過一段長時間的聚會研究後，大家不只在各自的專長上有長足的進步，就是在其他繪畫的技巧上，也都突飛猛進。

當時，有一位國王一心想找人為他畫一幅肖像，聽聞國中有這麼一群畫師，便喚人把他們請入宮中。一時之間，這群畫師齊聚一堂。這時候，國王指著一張畫布，對大家說：「各位畫師！今天找你們來，是想請你們在這塊布上為我畫一幅肖像，如果你們能夠畫得令我滿意，必定會有重賞！」

國王話一說完，所有畫師便各就各位，開始在這塊布上揮灑。只見畫師們各自發揮所長，有的開始構圖，有的屏氣凝神地勾勒著五官，有的專心地畫手腳，有的仔細地上顏色……但是，就在作品即將完成的那一刻，大家赫然發現，擅長畫身體的畫師沒有到。正當不知如何是好的時候，有人提議說：「我們不妨一起合力來完成這幅畫吧！」

在大夥兒通力合作下，好不容易，國王的肖像畫終於完成了。呈獻給國王的那一刻，只見國王眉開眼笑，頻頻誇讚說：「畫得太好了！畫得太好了！」畫師們才終於鬆了一口氣。

世間一切都是因緣和合而成的，你看一棟房子，尚且需要鋼筋、水泥、磚瓦等建材才能完成；一場球賽，也必須隊員們同心協力才能獲勝。因此，每個人都不能小看自己在團體裡的重要性。中國有句俗諺：「三個臭皮匠，勝過一個諸葛亮。」一個人的智慧終究是有限的，唯有集合眾人的力量，彼此互助合作，才能共同成就一番事業。

子路救人

春秋時代的魯國有一條法律：

如果魯國有人做了他國人民的臣妾或奴僕，只要有人願意將他們贖回，為人贖身的那個人，就可以到國庫領回自己所花費的錢財。

有一次，孔子的學生子貢從鄰國贖回了本國人，卻沒有從國庫拿回自己所付出的錢財。孔子知道了，便告訴眾人：「子貢的處理方式不正確啊！從今以後，魯國人恐怕不會再去贖人了。事實上，從國庫取回自己所花費的錢財，並無損個人的德行修養；如果人人都效法子貢的做法，那麼就不會有人願意去贖回自己國家的人了。」

後來，孔子的另一個學生子路，在路途中救起了一個溺水的人。那個人非常感謝子路的救命之恩，便送了一頭牛作為回報，子路當下接受了他的饋贈。孔子知道了以後，滿

意地點頭說道：「很好、很好，以後魯國人搭救溺水者就會愈來愈多了！」

毀譽對於一個人來說很重要，但是當某件事情關係到團體、社會，乃至國家的利害時，如果你肯得放下個人的得失，著眼於大眾的利益；肯得放下一時的成敗，著眼於團體的前途，那麼距離聖賢之路，也就愈來愈靠近了。

甚至進一步說，小至一個團體，大至一個國家，如果以大眾安樂為前提的人多了，以個人得失為考量的人少了，不論從團體以至國家，必然也會更加繁榮與盛了。希望人人都能學習聖賢的胸襟，共同為開創世間美好的未來盡一分心力。

求富

過去有兄弟兩人，過著十分困苦的日子。為了改善生活，有一天他們決定由哥哥負責向天神祈禱，希望能夠發財富貴，弟弟則負責耕地種田，以求農作物豐收。

從那天開始，哥哥日夜精進，不斷地禮拜毗沙門天神，

期望能夠獲得大富大貴。經過一段時日，一天，毗沙門天神化身成弟弟的模樣，來到哥哥身邊。哥哥看到弟弟忽然跑來，就問：「你不去工作，來這裡做什麼？」弟弟說：「我想效法哥哥，齋戒沐浴，在這裡日夜殷勤祈禱，祈求天神保佑，讓我們兄弟兩人發財。」

哥哥聽了很生氣，說：「你不去耕地、播種、澆水、鋤草、施肥，又怎能期待農作物會有收成呢？」

於是化身為弟弟的天神反問：「收成真的得要先播種嗎？那麼，哥哥你又播下什麼種子呢？」哥哥無言以對。

這時候，毗沙門天神回復原來的樣子，對哥哥說：「我就是你日夜祈求禮拜的毗沙門天神，我雖然可以給你助緣，但是想要獲得福德富貴，還是必須靠你自己去耕種。過去，你因為不肯布施，種下了慳吝的因，今生才會如此貧困，現在你雖然日夜精進禮拜我，但因果是無法違背的。就像要在冬天求得菴摩羅果一樣，縱然是禮拜百千天神，也是不可能的。所以，從今天起，你要修行布施，將來才能夠致富。」

布施，是發財最好的方法，但一般人總以為布施是給人，既然給人，自己怎麼會發財？其實，布施好比在田地裡面播種，有播種才有收成。布施也不一定都是用金錢來布施，比方我們會說好話，說好話就是布施；你說我不會說好話，出力也是布施；或許你說我不會說好話，也沒有餘力，那也沒有關係，有心也能布施，聽到人家說好話、見到人家做好事，你心裡歡喜，隨喜也同樣有功德。大家不妨多布施自己的一念歡喜心吧！

小老鼠

慈惠法師的父親張輝水老先生博學多聞，以持誦《金剛經》為日課。數十年前的臺灣，鼠患猖獗，他家裡的傢俱都被啃噬得坑坑洞洞。張老先生心生一計，在屋裡的各個角落放置捕鼠器。果真老鼠一一落入陷阱之中。這些到處肆虐的鼠輩們，一被關進籠子裡，跑啊！跳啊！一刻都無法安靜。

學佛多年的張老先生每天一有空，就搬張凳子坐在籠子旁，對著老鼠恭誦《金剛經》，有時也和他們說法：「你們啊！就是因為前世起惑造業，今世才感得鼠身，不過，一念誠心的懺悔，就可以滅除三世罪業。記得，要發菩提心、慈悲心、無顛倒心、無妄想心，將來才能離苦得樂。」

兒女們起初對於父親的舉動一點也不以為然，總覺得是雞同鴨講，對牛彈琴。但是說也奇怪，十餘天後，籠子裡活蹦亂跳的老鼠們居然日漸馴服，不再奔走吵鬧。過了幾天，張先生便將牠們帶到郊外放生。

不知道什麼時候開始，家裡不再鬧鼠患了，孩子們也在耳濡目染中，薰習到慈愛眾生的美德。

佛教的慈悲思想，遍及一切眾，無論怨親，無論有情無情，不僅對人慈悲，對待動物更是如此。

《本事經》裡明確舉出：「修慈心解脫，若人若非人，一切諸有情，皆不能危害。」現代社會講究生權，對於生態的保護更為積極。佛說：「大地眾生皆有如來智慧德相。」這個世間，其他生命與人一樣重要，都值得尊重。我們若能以愛心對待動物，牠們也不會有所侵犯。然而許多時候人類往往懷著敵對的態度，或者任意捕殺，恣意食用，或者破壞牠們生存的環境，導致全球生態失衡。

《大寶積經》有一句：「身常行慈，不害眾生。」人和人之間，人和生物之間，只有「愛」才能解決問題，如同這位張輝水先生，他以一份慈心誠意祈願，不也皆大歡喜，人我圓滿嗎？

錢若水辦案

錢若水是宋代河南新安人，在太宗雍熙年間考中進士。他擔任同州推官時，有人報案，說他們在一戶富家為婢的女兒失蹤了，請求查明。知州受理後，就將案子委託錄事參軍辦理。這位參軍以前曾向那富人求助，沒有如願，懷恨在心，接到此案，未查明真相，就判決富人父子合夥殺掉婢女，把他們關進牢房，再把罪狀送知府。

錢若水在知府接到供狀，發現疑點重重，遲疑不肯判刑。

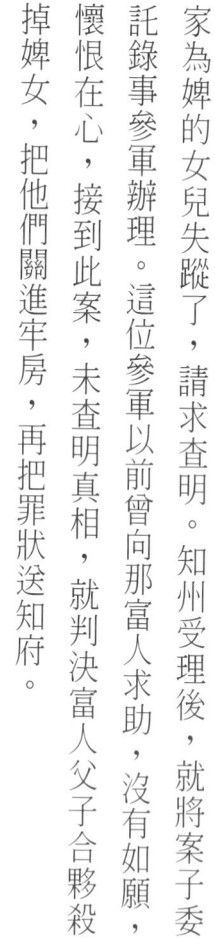

參軍很生氣說：「你是不是接受賄賂，想釋放他們？」錢若水笑著說：「這麼重大的殺人案，難道不能讓我仔細查證？」

錢若水鍥而不捨的明查暗訪，終於知道那女孩是私嫁到鄰縣，故稟明知府，趕緊將關在牢裡的父子無罪釋放。死裡逃生的富人，喜出望外地向知府叩頭，說：「幸虧有您，才不致遭滅門之禍。」知府說：「你的命是錢推官救的。」富人回家後，攜帶禮物到錢若水家道謝，錢家閉門不肯接待。富人領著家人繞著錢家的圍牆哭謝，又到各地寺院供佛齋僧，為錢若水添福添壽。

知州告訴錢若水：「你平反了這麼大的冤情，我要上報給朝廷知曉。」錢若水推辭說：「我只是單純的想申冤，沒想到加官賜賞。如果你上書了，對我固然是好事，但參軍怎麼辦呢？」這些話給錄事參軍輾轉聽到了，連夜趕到錢家叩頭謝罪。

俗語說：「救人一命，勝造七層浮屠。」錢若水不僅救了兩命，免除無辜者遭滅門之禍，且不接受報答，又能顧慮他人的難堪，不揚己善，這種善行，就是古人說的「積陰德」，真是功德無量。

在《了凡四訓》中記載著：袁了凡曾發願行一萬件善事，他妻子憂慮這麼大的願，不知何時才能圓滿，結果夜裡夢見神人來告訴他：袁了凡向朝廷提議「減租」，讓縣裡百姓免除饑饉之苦一事，就已具足萬善了。

「人在公門好修行」，一個公務員在工作崗位上，千萬別漠視這個能夠隨時便民、利民的好機會，因為這就是最好的修行方式。

【人間佛教叢書】 星雲說喻 一 布施

作　　者　星雲大師

執行編輯　妙昕法師、有融法師
美術編輯　洪昭賢
繪　　圖　道璞法師、龍信羽、陳美美

出版·發行　香海文化事業有限公司
發 行 人　慈容法師
執 行 長　妙蘊法師

地　　址　241 新北市三重區三和路三段 117 號 6 樓
　　　　　110 臺北市信義區松隆路 327 號 9 樓
電　　話　(02)2971-6868
傳　　真　(02)2971-6577
香海悅讀網　www.gandha.com.tw
電子信箱　gandha@gandha.com.tw
劃撥帳號　19110467
戶　　名　香海文化事業有限公司

總 經 銷　時報文化出版企業股份有限公司
地　　址　333 桃園縣龜山鄉萬壽路二段 351 號
電　　話　(02)2306-6842

法律顧問　舒建中、毛英富
登 記 證　局版北市業字第 1107 號

定　　價　新臺幣 280 元
出　　版　2018 年 10 月初版一刷
　　　　　2019 年 7 月初版三刷
I S B N　978-986-96594-1-3
建議分類　寓言 | 哲理 | 心靈

國家圖書館出版品預行編目 (CIP) 資料

星雲說喻 . 一 , 布施 / 星雲大師作 . -- 初版 . -- 新北市 :
香海文化, 2018.10 352面 ; 11.5X18 公分 (人間佛教叢書)
ISBN 978-986-96594-1-3 (精裝)
224.519　　107011208